따라 하면 저절로 준비되는
연금 투자 매뉴얼

따라 하면 저절로 준비되는

# 연금 투자 매뉴얼

김한겸 지음

매일경제신문사

# 프롤로그

누구나 멋있는 노후를 꿈꿉니다. 화려하고 호화스러운 노후까지는 아닙니다. 집 한 채, 가끔이라도 지인들에게 밥을 살 수 있는 여유, 손자들이 올 때마다 용돈이나 선물을 사줄 수 있는 것 말입니다. 아쉽게도 이 정도의 노후 준비가 되어 있는 사람은 그리 많지 않습니다. OECD 국가 중 노후 빈곤율 최고 수준이라는 이야기를 들어본 적이 있나요? 아마도 처음 듣는 분들이 많을 겁니다. 그만큼 노후 대비에 대한 교육이나 정보가 없다는 뜻이겠지요. 20대, 30대에게 노후자금 이야기를 하는 것은 쉽지 않습니다. 자신에게 너무 먼 이야기라는 이유입니다. 그러면 언제부터 노후 자금을 준비하고 노후 빈곤을 예방해야 할까요?

"바로 지금 당장!"입니다.

노후 준비는 긴 시간이 필요합니다. 왜냐하면, 긴 시간 사용해야 하는 자금이기 때문이죠. 한 번에 큰돈을 벌어서 노후 준비를 하는 사람을 본 적이 없습니다. 20대, 30대에는 인지하지 못하거나 거부하다가

40대가 되어서야 부랴부랴 준비를 시작합니다. 그러나 그 시기에는 은퇴까지 기간이 별로 남아 있지 않기 때문에 큰 자금을 준비해야 한다는 압박으로 포기하게 됩니다. 필자가 만나봤던, 상담했던 40대 대부분이 노후 준비 선택은 포기였습니다. 40~50년을 사용해야 하는 자금을 계산해드렸을 때 첫 번째 충격을, 그 자금을 준비하기 위해 매달 적립해야 하는 돈을 계산해드렸을 때 두 번째 충격을 받습니다. 그 이후에 가장 많이 들었던 이야기는 "뭐, 어떻게든 되겠죠. 설마 굶기야 하겠어요?"입니다.

하지만 이대로 가다가는 진짜 굶는 삶을 살게 됩니다. 지인들에게 밥은커녕 커피 한잔 대접하기도 눈치가 보입니다. 손자들이 온다고 하는 것은 좋지만 용돈이나 선물을 사주지 못하고 눈치가 보입니다. 물론 지인들에게 밥을 사는 것, 손자들에게 용돈이나 선물을 사주는 것을 못 한다고 해서 나쁜 지인, 나쁜 조부모가 된다는 뜻은 아닙니다. 소소한 즐거움을 즐기지 못하고 노후를 보내야 하는 아쉬움이 있을 뿐이겠지요.

그래서 이 책을 쓰기 시작했습니다. 노후 대비에 대한 생각이 없었던 분들에게 준비할 수 있는 마음을 심어주고, 반대로 준비하고 싶은데 어디서부터 어떻게 시작해야 할지 모르는 분들을 도와드리기 위해 말입니다. 연금을 준비한다는 것은 매우 긴 시간 꾸준히 해야 하는 일입니다. 목표와 방법이 없다면 도중에 포기하거나 시작도 못 하고 포기하게 됩니다.

 부디 이 책을 통해 노후 준비에 대한 마인드와 올바른 투자 습관이 길러졌으면 합니다. 연금저축 펀드계좌를 어떻게 만들고, 매월 얼마 정도를 적립하고, 어떤 펀드를 골라서 투자해야 하는지, 그리고 투자하면서 어떤 마인드를 가져야 하는지 최대한 쉽게 쓰려고 노력했습니다. 책을 보면서 궁금한 점이나 도움이 필요하면 언제든지 저에게 연락해주시면 함께 고민해보겠습니다.

 이 책이 완성되기까지 가족의 도움이 매우 큰 역할을 했습니다. 제 아내와 두 아이에게 고맙다는 말을 전합니다.
 "지은, 수아, 재희, 고맙습니다. 사랑합니다. "

- 김한겸

# 차례

## 연금 계좌에서 선택해야 할 펀드 (투자 준비)

PART
01

# 노후 소득은 얼마나
# 준비해야 충분할까?

# 1장

# 노후 소득 계산을 해봅시다

# 월급이 안 나오는 삶을
# 생각해보신 적이 있나요?

　처음 사회생활을 시작해서 첫 월급을 받았던 감동은 아직도 잊을 수가 없습니다. 물론 그전에도 아르바이트하면서 급여를 받았던 적이 있지만, 아르바이트와 정식직원의 차이 때문인지는 몰라도 감동의 결이 달랐던 기억이 있습니다.

　우리는 매월 꼬박꼬박 월급을 받기 위해서 일을 합니다. 매월 지출해야 하는 고정비용이 있다면 월급은 더욱 소중하겠지요. 인센티브가 지급될 예정의 월급날은 더욱 특별합니다. 고정비용으로 소위 말하는 월급의 로그인, 로그아웃이 아닌 여유자금이 생기기 때문입니다. 전달부터 여유자금을 어디에 지출할 것인지 행복한 고민을 시작합니다.

　'그동안 봐두었던 스마트폰을 바꿀까? 아니면 휴가를 내고 해외여행을 다녀올까?'

'친구들도 외제 차를 뽑았던데, 나도 장기할부로 차를 구입할까?'

생각만으로 행복합니다. 돈이 주는 자유는 생각보다 꽤 큽니다. 많은 사람들이 돈을 이야기하고 욕망을 나타내는 것을 금기시하지만, 제 생각은 조금 다릅니다. 결국, 돈이 있어야 시간의 자유가 생깁니다. 시간의 자유가 생기면 스마트폰이든, 자가용이든 새로 구입하는 것에 큰 의미가 생깁니다. 시간의 자유가 없다면 그것들을 사용할 시간마저 없다는 것인데, 출퇴근 시간에만 확인하는 스마트폰, 평일에는 주차장에 고이 모셔두는 자가용이 과연 얼마나 큰 의미로 다가올까요?

서론이 길었네요. 본론으로 들어갑시다.

"다음 달부터 월급이 나오지 않는다면, 가장 먼저 어떤 생각이 들까요?"

"잘 나오는 월급이 갑자기 왜 안 나와요?", "그런 쓸데없는 가정을 해서 무엇합니까?"라고 물으신다면 굳이 할 말은 없습니다. 하지만 한번 생각해볼 만한 가치가 있는 물음입니다. 왜냐하면, 제가 직접 겪고 있는 일은 아니지만, 똑같은 걱정을 하는 사람들을 많이 만났기 때문입니다.

제가 만난 한 분의 이야기를 들려드릴게요. 55세의 남자분이십니다. IT업계의 중소기업에서 임원을 지내고 퇴직을 하셨습니다. 퇴직하자마자 위의 질문이 도착합니다. 퇴직금을 억대로 받으셨음에도 불구하고, 몇 가지 불안한 생각이 들었다고 이야기하시더군요.

- 받은 퇴직금으로 얼마나 버틸 수 있을까?
- 내일부터는 무엇을 하며 지내야 하지?
- 월급 받을 때 연금을 더 준비해두었어야 하는데….
- 지금 내가 일할 수 있는 곳이 있을까?

55세에 퇴직을 하셨으니 2019년 기준, 남자의 기대수명이 80세라서 적어도 25년은 더 사셔야 하고, 보통은 기대수명보다 더 길게 생존하기 때문에 최소 30년 이상의 인생이 더 남아 있습니다.

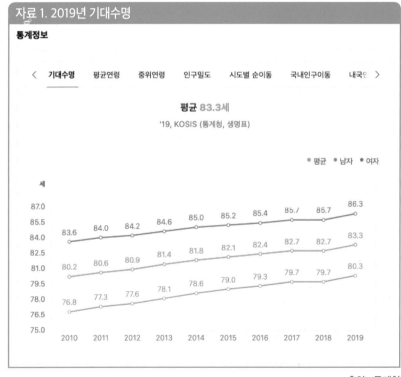

**자료 1. 2019년 기대수명**

**통계정보**

〈  **기대수명**   평균연령   중위연령   인구밀도   시도별 순이동   국내인구이동   내국인  〉

**평균 83.3세**

'19, KOSIS (통계청, 생명표)

● 평균  ● 남자  ● 여자

세

| | 2010 | 2011 | 2012 | 2013 | 2014 | 2015 | 2016 | 2017 | 2018 | 2019 |
|---|---|---|---|---|---|---|---|---|---|---|
| 평균 | 83.6 | 84.0 | 84.2 | 84.6 | 85.0 | 85.2 | 85.4 | 85.7 | 85.7 | 86.3 |
| 남자 | 80.2 | 80.6 | 80.9 | 81.4 | 81.8 | 82.1 | 82.4 | 82.7 | 82.7 | 83.3 |
| 여자 | 76.8 | 77.3 | 77.6 | 78.1 | 78.6 | 79.0 | 79.3 | 79.7 | 79.7 | 80.3 |

출처 : 통계청

55년을 살아왔지만, 조금 과장하자면 결국 살아온 만큼의 삶이 남아 있다는 이야기이죠. 그것도 월급이 나오지 않는 상태에서 말이죠. 이 사실을 마주하는 순간, 큰 두려움을 느끼셨다고 합니다. 직장에서는 누구에게나 존경받고 지혜를 나누어주는 역할이었지만, 퇴직하는 순간 그냥 55세 남자, 그 이상도 이하도 아닌 것이지요.

우리는 월급이 나오지 않는 삶을 생각해봐야 합니다. 지금 내가 받고 있는 월급이 나의 인생을 풍요롭게 만들어주고 있다면, 더욱 깊게 생각해봐야 합니다. 왜냐하면, 그 풍요로운 삶이 한순간에 반전이 될 수 있기 때문입니다.

# 소득대체율을 아시나요?

일단 국민연금에 적용되는 소득대체율은 뒤에서 자세히 할 예정이니 제외하겠습니다.

아주 심플하고 쉽게 설명하자면, 내가 지금 월급으로 받는 금액 대비 은퇴 후 받을 수 있는 연금의 금액입니다. 예를 들어보겠습니다.

- 평균 월급 : 200만 원
- 은퇴 후 받을 수 있는 연금월액 : 100만 원
- 소득대체율 : 50%

은퇴 후에는 현재 내가 쓰고 있는 비용보다 더 적게 쓸 것은 맞는 이야기입니다. 하지만 그런 삶을 원하고 있는지는 다른 문제입니다. 절약하면 더 적은 비용으로 한 달을 살 수도 있겠죠. 하지만 퇴직 후에 그런 삶을 원하는 사람은 없겠죠. 오히려 퇴직하고 시간의 여유가 많이 생기므로 삶의 질은 더 높아져야 합니다. 그렇다면 소득대체율은 오히려 100% 이상으로 만들어놓아야 하는 것이죠. 하지만 결코 쉽지 않은 이야기입니다.

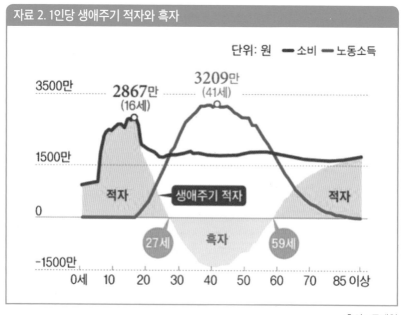

자료 2. 1인당 생애주기 적자와 흑자

단위: 원 ━ 소비 ━ 노동소득

3500만

2867만
(16세)

3209만
(41세)

1500만

적자        ━생애주기 적자        적자

0

27세        흑자        59세

-1500만

0세   10   20   30   40   50   60   70   85 이상

출처 : 통계청

따라 하면 저절로 준비되는
연금 투자 매뉴얼

자료 2와 같이 27세부터 흑자가 나는 시기에 적립을 시작해서 59세의 적자가 나는 시기에 적립한 돈을 사용해야 합니다. 그런데 그래프의 크기를 보면 알겠지만, 흑자의 크기가 적자의 크기보다 매우 작습니다. 흑자가 나는 시기에 아무리 많이 적립해도 59세부터 적자의 시기에 사용할 연금을 적립하지 못한다는 이야기입니다.

"그럼에도 불구하고 지금 현재 여러분은 연금을 준비하고 계신지요?"

소득대체율을 이야기하기에 앞서, 월급의 어느 정도 비율을 연금으로 준비하고 있는지 묻기 전에 "국민연금을 제외한 연금 계좌를 갖고는 계신지요?"라고 묻고 싶습니다.

우리나라의 노인 빈곤율은 2017년 기준 44%에 달해 OECD(경제개발협력기구) 회원국 평균 14.8%의 3배 수준입니다. 노인 빈곤율이 높은 이유가 있겠지요. 수많은 이유 중 하나가 바로 노후 소득을 준비하지 않고, 거의 모든 소득을 자녀의 교육이나 삶의 질을 높이는 데 쓰는 것입니다.

문제는 발생한 후에 해결하려고 하면 더욱 큰 에너지가 필요합니다. 해결 자체가 되지 않는 경우도 많죠. 문제는 일어나기 전에 예방하는 것만이 최선입니다. 노후 소득의 문제는 예방해야 합니다. 지금의 소득을 나중에 쓸 수 있도록 미루어놓아야 합니다. 소득대체율이 적어도 80% 이상은 되어야 행복한 노후를 맞이할 수 있습니다.

# 3층으로 견고하게
# 연금 설계하기

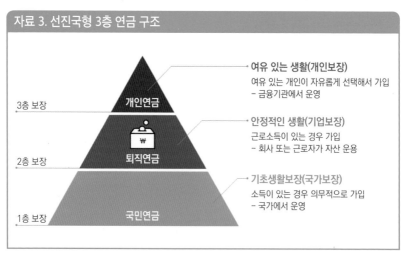

**자료 3. 선진국형 3층 연금 구조**

**개인연금** — **여유 있는 생활(개인보장)**
여유 있는 개인이 자유롭게 선택해서 가입
- 금융기관에서 운영

**퇴직연금** — **안정적인 생활(기업보장)**
근로소득이 있는 경우 가입
- 회사 또는 근로자가 자산 운용

**국민연금** — **기초생활보장(국가보장)**
소득이 있는 경우 의무적으로 가입
- 국가에서 운영

3층 보장
2층 보장
1층 보장

출처 : 고용노동부 퇴직연금 사이트

최전방에 국민연금을 배치합니다. 많은 분들이 국민연금의 중요성에 대해서 큰 오해를 하고 있습니다. 저는 국민연금을 제외하고 노후 소득을 계획하는 자체가 말이 안 된다고 생각합니다. 왜냐하면, 국민연금은 거의 모든 국민이 납입하고 받게 되는 공적연금제도이고, 유일하게 물가 상승을 반영하는 연금 상품이기 때문입니다. 매월 급여에서 일정 부분을 무조건 적립해야 하죠. 국민연금이 고갈된다든지, 운용을 못 한다든지에 대한 이야기는 논외로 하겠습니다. 이에 관한 내용이 뒤에 계속 나올 예정이거든요.

그 위에 2층에는 퇴직연금을 배치합니다. 월급을 받는 동안 퇴직금 적립도 무조건 하게 됩니다. 요즘에는 회사에 직접 적립해두는 것이 아니라 금융기관에 적립해두는 퇴직연금제도를 도입한 기업이 많아지는 추세입니다.

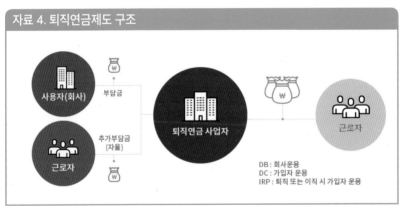

출처 : 고용노동부 퇴직연금 사이트

그리고 마지막 3층에는 개인연금을 배치합니다. 이렇게 3층으로 견고하게 연금 설계를 해놓으면, 적어도 퇴직 후의 삶이 전의 삶보다 빈곤해지지는 않을 것입니다. 하지만 3층으로 설계해놓아도 노후 소득이 충분하지 않은 이유는 무엇일까요?

- 국민연금으로 받을 수 있는 연금 월액이 너무 적다.
- 퇴직연금은 중간정산 받아서 쓰거나, 적립하는 동안 신경을 쓰지 않는다.
- 개인연금은 여유가 없어서 준비하는 사람이 매우 적다.

1층이 견고하고 2층, 3층이 쌓여야 하는데 일단 1층부터 부실합니다. 가장 큰 문제는 1층이 부실하다는 것을 인지조차 못 하고 있다는 것입니다. 그것을 알고 있다면, 2층, 3층이라도 견고하게 쌓을 텐데 말이죠.

지금이라도 늦지 않았습니다. 자신이 어느 정도의 노후 소득을 받을 수 있는지 알아보고, 계획해봅시다. 차근차근 도와드릴게요. 잘 따라오세요.

# 퇴직하고 어떤 삶을
# 꿈꿀 수 있을까?

무언가를 준비하려면 그 준비를 하기 위한 이유가 있어야 합니다. 예를 들면 공인중개사 자격증 시험을 준비한다면, 공인중개사가 되려는 이유가 있어야 합니다. 또한, 공인중개사가 되어서 하려는 일이 나의 삶에서 어떤 의미가 있는지 생각해봐야 합니다. 노후 소득을 준비하는 것도 똑같은 과정이 있어야 합니다.

노후 소득은 말 그대로 노후에 사용하게 될 소득입니다. 지금은 월급이 꼬박꼬박 나오는 직장이 있지만, 그곳을 퇴직하게 되면 월급 없이 생활해야 합니다. 노후 생활도 지금의 생활과는 많이 다르겠지요. 시간도 많아지고 매일 바쁜 삶을 살아가는 것도 아닐 것입니다.

"퇴직하고 어떤 삶을 꿈꾸고 계신가요?"

일단 저의 계획을 말씀드려볼게요. 참고가 되었으면 좋겠습니다.

저는 모든 일에서의 퇴직을 생각하고 있지 않습니다. 저의 블로그나 유튜브 채널에 오셔서 지금까지 남겨놓은 글이나 영상을 보면 아시겠지만, 저의 목표는 월 100만 원짜리 소득을 10개 만드는 것입니다. 어느 정도 채워져 있고, 채워나가고 있습니다. '굳이 모든 일에서 은퇴해야 할까?'라는 생각을 합니다. 열 가지 일에서 모두 은퇴하기보다는 내가 하기 싫은 일에 대해서만 은퇴할 생각입니다. 열 가지 일 중에서 내가 하고 싶은 일은 남겨두고, 나머지 하기 싫은 일에 대해서는 사람을 고용하면 됩니다.

또는 모든 일을 매우 심플하게 처리할 수 있도록 각종 인프라를 구축해놓으면 됩니다. 그렇게 해놓으면 사무실이라는 공간이 따로 있을 필요가 없습니다. 어디서나 노트북만 펼치면 사무실이고, 스마트폰만 있으면 일을 처리할 수 있게 됩니다. 이렇게 만들어놓고 세계 각지로 여행을 다닐 예정입니다. 인터넷만 가능하다면 그 어디나 사무실이 됩니다. 여행을 다니려면 원화보다는 달러가 필요하겠죠. 그리고 소득대체율도 100% 이하가 아닌 이상이 되어야겠죠.

이런 삶을 그리고 있다면 준비를 하면 됩니다. 지금의 소득을 나중으로 미루어둬야 하고, 그렇게 되려면 소비보다는 절약을 해야 합니다. 소비를 미루는 행위가 지금 현재의 소비 기쁨을 둔화시키기는 하겠죠. 하지만 소비를 미루는 행위가 은퇴 후 삶을 더욱 여유롭고 풍요롭게 만들어주는 기쁨으로 바뀔 수 있습니다.

'나의 노후는 어떻게 될까?' 그려보세요. 지금 준비하고 있는 노후 소득으로 어떤 삶을 꿈꿀 수 있을지 말이죠. 그러면 준비하게 될 거예요. 너무 늦었다는 생각도 들 거예요. 국민연금을 어느 정도 쌓을 수 있는지, 퇴직연금은 잘 적립되고 있는지, 개인연금은 어떻게 준비해야 하는지 스스로 찾아보게 될 것입니다. 시작하셨다면 행동만 하면 되겠죠.

# 노후 소득,
# 지금 당장 준비합시다

　노후 소득이 중요하다는 사실을 인지는 하고 있습니다. 그러면 행동으로 옮겨야 실현이 되겠지요. 내가 지금 받는 월급이 영원하지 않을 것이란 것도 인지하고 있습니다. 하지만 하루하루 살아가는 것이 바빠서 잊고 사는 것이 한두 가지가 아닙니다. 회사 일만으로도 벅찬 하루를 보내고 있기 때문이죠. 그럼에도 불구하고 기억해야 할 한 가지는, 노인 빈곤이 남의 일만은 아니라는 것입니다. 노후 소득 없이는 인생의 반을 힘들게 살아야 할 수도 있습니다. 젊은 시절의 고생은 사서도 한다고 하지요. 그만큼 젊을 때의 고통이 낫지, 나이가 들어감에 따라서 고통스러워지는 것은 체감상 2배 이상의 고통이 될 가능성이 큽니다.

　자, 그러면 어떻게 준비를 시작해야 할까요? 다음의 세 가지를 하시면 됩니다.

1. 국민연금을 얼마나 쌓아놓았는지 확인
2. 퇴직연금은 얼마나 쌓아놓았으며, 어떻게 운용되고 있는지 확인
3. 개인연금저축펀드 계좌를 만들고 적립 및 투자 운용 시작

딱 이렇게 세 가지만 하시면 노후 소득은 시작된 것입니다. 물론 1번 과 2번은 타의에 의해 시작되었겠지요. 타의에 의해 시작되었기 때문에 정확히 알고 있는 사람이 매우 드물더군요. 자신이 지금까지 국민연금을 얼마나 적립했으며, 은퇴 이후 나에게 얼마의 국민연금이 지급될지조차 모르는 것입니다. 매달 월급에서 출금되어 차곡차곡 쌓이고 있는데 말이죠.

퇴직연금도 별반 다르지 않습니다. 퇴직연금도 매달 월급에서 제하고 적립되고 있습니다. 왜냐하면 퇴직연금은 모든 사업장의 의무이기 때문입니다. 노동자의 권리이기도 하고요. 그리고 퇴직연금의 대부분이 원리금보장 상품에 들어가 있는 이유도 회사 입장에서는 공격적 투자를 통해 손실을 입게 되면 결국 회사의 손실로 이어지기 때문입니다.

개인연금 계좌 역시 별반 다르지 않습니다. 많은 사람들이 보험과 은행을 통해 원리금보장 상품에 가입되어 있습니다. 연금은 장기간 적립하고 은퇴 이후에 장기간 나누어 받을 상품이기 때문에 원리금보장 상품에 가입되어 있다면 오히려 손해입니다. 왜냐하면, 물가 상승분을 고려해야 하기 때문입니다. 연 2%의 원리금보장 상품에 가입하고 20년 동안 적립했는데, 물가가 3%씩 상승했다면 오히려 손해인 것입니다.

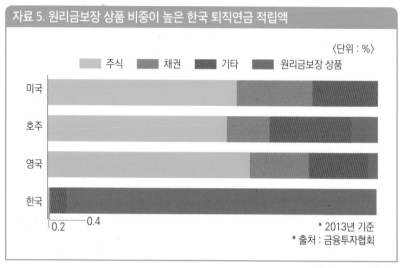

자료 5. 원리금보장 상품 비중이 높은 한국 퇴직연금 적립액

〈단위 : %〉

주식　　채권　　기타　　원리금보장 상품

미국

호주

영국

한국

0.2　0.4

* 2013년 기준
* 출처 : 금융투자협회

출처 : 금융투자협회

　개인연금 계좌를 가지고 계신 분들이라면, 직접 투자할 수 있는 연금 저축펀드 계좌로 옮기고, 가지고 있지 않다면 증권사를 통해 연금저축 펀드 계좌를 만들어야 합니다. 그리고 당장 노후 소득을 준비해야 합니다. 그렇지 않고 많은 시간이 지난 후에 나의 월급이 줄어들기 시작할 때 준비하려고 한다면, 그때는 엄청난 액수의 돈을 준비해야 합니다. 그러면 준비보다는 포기하게 됩니다. 포기하면 행복한 노후보다는 고통스러운 노후가 시작되겠죠. 공포감을 주려는 것이 아닙니다. 현실을 알려드리는 것입니다. 혼자 준비하기 힘드신 분들은 저에게 메일이나 카카오톡 메시지를 보내주세요. 함께 고민해봅시다.

　"노후 소득, 지금 당장 준비합시다!"

# 2장

국민연금

# 국민연금, 아직도 내고 계세요?

많은 사람을 상담해본 결과, 국민연금 납부에 대해서 좋게 생각하고 노후 소득에 도움이 될 것이라고 생각하는 사람은 극히 드물었습니다. 왜 그렇게 생각할까요? 국민연금제도에 대해서 잘 모르고 있기 때문입니다. 언론에서 또는 주위에서 들리는 이야기들은 국민연금에 대한 부정적인 이야기가 많습니다.

- 국민연금 이대로 가면 곧 고갈된다.
- 국민연금 실제 노후 소득에 도움 되지 않는다.
- 급여공제내역 중에서 국민연금이 제일 아깝다.

이 세 가지 모두 틀린 내용입니다. 자신 있게 말씀드릴 수 있습니다. 세 가지 모두 국민연금을 실제로 수령해본 적이 없는 사람들의 말입니다.

첫 번째부터 이야기해봅시다. 국민연금이 고갈된다는 이야기, 많이 들어보셨을 것입니다. 언론에서 쉽게 이야기할 수 있는 주제이기 때문이죠. 조금만 자세히 들여다보면 알 수 있습니다.

## 자료 6. 국민연금 고갈 예상 시기

### 정부 재정 계산에 따른 국민연금 기금 고갈 예상 시기

| | 고갈 시기 | 주요 영향 |
|---|---|---|
| 1차(2003년) | 2047년 | 소득대체율 70%→60%<br>수급 연령 60세→65세로 순차적 상향(1차 개혁·1998년) |
| 2차(2008년) | 2060년 | 소득대체율 60%→40% 순차적 하향(2차 개혁·2007년)<br>기초노령연금 도입 |
| 3차(2013년) | 2060년 | 여성 및 노인 경제활동 증가 반영 |
| 4차(2018년) | 2057년 | 저출산, 경제성장률 등 반영 |
| 국회예산정책처(2019년) | 2054년 | 초저출산 및 저조한 경제 성장 추가 반영 |

출처 : 보건복지부, 국회예산정책처, <동아일보>

자료 6에 따르면, 2054년에 고갈이 된다는 예상이네요. 하지만 이것은 지금 현재 나의 월급에서 공제되는 요율(%)과 수령 나이를 고정해놓은 상태에서의 예상입니다. 고갈될 시점 이전에 요율과 수령 나이를 조정해가면서 조절할 것입니다. 물론 국민연금을 적게 내고, 많이 받고 싶다고 주장하신다면 대책은 없습니다.

국민연금은 나라에서 제공하는 공적제도인데 소득이 많은 사람은 국민연금을 많이 내고 적게 받고, 소득이 적은 사람은 그 반대의 적용이 되고 있는 것도 사실입니다. 따라서 고갈될 걱정은 안 하시는 것이 맞는 것이죠. 국민연금을 실제로 수령하고 계신 분들은 국민연금이 얼마나 소중하고 도움이 되는 제도인지 알고 있습니다. 멀리서 찾을 필요도 없습니다. 우리의 부모님을 보면 됩니다.

| 자료 7. 국민연금 노령연금 월평균 수령액 | |
| --- | --- |
| 가입기간 | 수령액 |
| 10~19년 | 39만 5,840원 |
| 20년 이상 | 89만 2,190원 |

출처 : 국민연금공단

　실제로 월평균 30~90만 원 사이의 노후 소득을 받고 있습니다. "월 30만 원이 얼마나 도움이 되겠습니까?"라는 물음이 생길 수 있겠지요. 내가 월급을 받고 있는 상태에서의 월 30만 원과 월급이 없는 상태에서의 월 30만 원은 아주 큰 차이가 있습니다. 예를 들어볼게요. 내가 월급을 200만 원 받는 상태에서 매일 커피 한 잔을 구입해서 마시는 것은 큰 부담이 되지 않습니다. 하지만 월급이 없는 상태에서는 큰 부담이 됩니다. 노후 소득이 부족한 어르신들이 커피 한 잔의 여유도 갖기 힘든 이유가 여기에 있습니다.

　우리는 지금 월급을 받고 있는 상태에서의 소비를 생각하고, 노후 소득을 생각합니다. 그렇기 때문에 월급이 없는 상태에서의 소득이 어떤 의미인지, 어떻게 체감되는지 알지 못합니다. 지금 월급에서 공제하고 있는 국민연금이 그저 아까운 이유가 거기에 있다고 봅니다. 지금 국민연금을 받고 있는 분들에게 물어보시면 답이 나옵니다. 쓸데없이 국민연금을 납부했다고 말씀하시는 어르신은 아마도 많이 없을 것입니다.

# 물가 상승을 반영하는
# 유일한 상품, 국민연금

**Q. 물가가 오르면 연금액도 오르나요?**

A. 예, 물가가 오르면 받고 있는 연금액도 그만큼 올라갑니다.

국민연금제도는 장기적인 노후 소득 보장을 목적으로 하므로 국민연금 수급액의 실질가치 보장 장치가 되어 있습니다. 연금을 받기 시작한 이후 매년 1월부터 전년도의 전국소비자 물가 변동률만큼 연금액을 인상해서 지급함으로써 연금액의 실질가치를 보장합니다.

※ 국민연금법 개정(2019년 1월 15일 시행)으로 전년도 물가 변동률을 반영한 국민연금액 인상 시기가 매년 4월에서 1월로 앞당겨졌습니다.

출처 : 국민연금공단

실제로 국민연금공단 홈페이지에 나와 있는 Q&A입니다. 지금 현재 시중에 나와 있는 그 어떤 연금 상품도 물가 상승을 반영해서 지급하지 않습니다. 물론 물가 상승에 따른 화폐가치 하락을 방어하기 위해 주식이나 펀드에 투자되는 상품은 있습니다. 하지만 실제의 물가 상승을 고려해 연금액을 증액해주는 상품은 국민연금이 유일합니다.

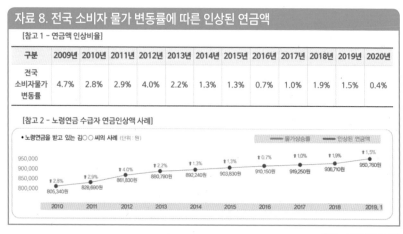

**자료 8. 전국 소비자 물가 변동률에 따른 인상된 연금액**

[참고 1 - 연금액 인상비율]

| 구분 | 2009년 | 2010년 | 2011년 | 2012년 | 2013년 | 2014년 | 2015년 | 2016년 | 2017년 | 2018년 | 2019년 | 2020년 |
|------|--------|--------|--------|--------|--------|--------|--------|--------|--------|--------|--------|--------|
| 전국 소비자물가 변동률 | 4.7% | 2.8% | 2.9% | 4.0% | 2.2% | 1.3% | 1.3% | 0.7% | 1.0% | 1.9% | 1.5% | 0.4% |

[참고 2 - 노령연금 수급자 연금인상액 사례]

출처 : 국민연금공단

연금을 준비해야 한다고 말하면, "지금 준비하는 연금이 30년 후 화폐가치 하락을 고려하면 큰 의미 없다"라고 하시는 분들이 많습니다. 맞는 말입니다. 하지만 동시에 틀린 말이기도 합니다. 지금 소비할 돈 20만 원을 나중으로 미루어두면, 화폐가치는 하락할지라도 나의 급여가 없어진다는 것을 고려하면 매우 큰돈이 될 가능성이 더 큽니다.

지금 나의 환경과 30년 후 내가 노후 소득을 받게 될 환경은 완전히 다릅니다. 그리고 30년 후의 화폐가치나 물가 상승을 예상하기도 힘듭니다. 하지만 일단 준비를 해놓고 노후를 맞이하는 사람과 전혀 준비해놓지 않는 사람과는 큰 차이가 있습니다. 준비해놓았는데, 노후 소득

없이도 살 수 있는 환경이 온다면 준비해둔 것은 나에게 또 다른 의미의 소득이 될 것입니다. 하지만 그 반대인 경우는 생각만 해도 끔찍합니다. 물가 상승을 반영해주는 유일한 상품이 국민연금이라는 것을 꼭 기억해두세요.

# 지금 현재 나는 국민연금으로
# 한 달에 얼마를 받을 수 있을까?

국민연금의 장점을 이야기해봤으니 이제는 내가 적립해놓은 국민연금은 얼마 정도인지 확인해봅시다. 국민연금 홈페이지(https://www.nps.or.kr)에 접속해보세요.

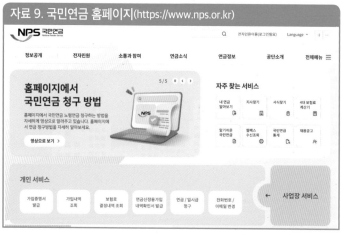

자료 9. 국민연금 홈페이지(https://www.nps.or.kr)

출처 : 국민연금 홈페이지

홈페이지에서 자주 찾는 서비스 아래 내 연금 알아보기 아이콘이 보입니다. 누르면 인증을 한 후, 내 연금 알아보기에서 예상연금액 조회를 할 수 있습니다.

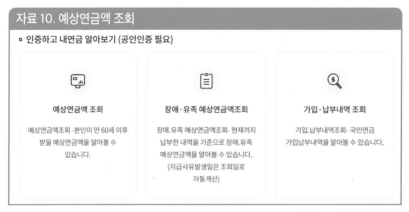

**자료 10. 예상연금액 조회**

▫ 인증하고 내연금 알아보기 (공인인증 필요)

| 예상연금액 조회 | 장애·유족 예상연금액조회 | 가입·납부내역 조회 |
|---|---|---|
| 예상연금액조회 -본인이 만 60세 이후 받을 예상연금액을 알아볼 수 있습니다. | 장애.유족 예상연금액조회- 현재까지 납부한 내역을 기준으로 장애.유족 예상연금액을 알아볼 수 있습니다. (지급사유발생일은 조회일로 자동계산) | 가입.납부내역조회- 국민연금 가입납부내역을 알아볼 수 있습니다. |

출처 : 국민연금 홈페이지

예상연금액을 조회하면, 예상연금월액이 나옵니다. 예상연금월액은 앞으로 남은 납부 기간을 채우고 잘 납부했을 때, 받을 수 있는 연금월액을 예상해놓은 것입니다. 따라서 지금까지 내가 쌓아놓은 연금월액을 계산하려면 총납부 기간에서 지금 현재 내가 납부한 기간의 비율을 계산해서, 예상연금월액을 곱해주면, 아주 정확하지는 않지만 대략적인 금액이 나옵니다.

예를 들면,

현재 납부 기간 : 120개월

총 납부예상 기간 : 360개월

120/360×100 = 33%

33%의 연금납부 완료

예상연금월액 : 90만 원

90만 원×33% = 297,000원

아주 정확한 계산은 아니지만, 대략적으로 지금까지 쌓아놓은 연금월액은 297,000원인 셈입니다. 많은 분들이 이렇게 계산하지 않고 홈페이지나 고지서에 명시되어 있는 예상연금월액만을 믿고 계십니다. 언제든지 월급을 받지 못하는 상황이 생기면 국민연금납부도 중단해야겠지요. 그렇게 되면 나의 예상연금월액은 훨씬 줄어들게 됩니다. 여러분도 지금 국민연금공단 홈페이지에 접속해서 '나의 예상 연금월액'을 확인해보시고 위의 계산대로 해보시기 바랍니다.

# 직장이 없는데 왜
# 국민연금을 내야 하나요?

국민연금은 18세 이상 60세 미만의 대한민국 국민이라면 특별한 경우를 제외하고는 모두 가입해야 합니다. 하지만 몇몇 가입 제외 대상이 있습니다. 그중에는 소득 활동을 하지 않는 사람도 해당됩니다. 제가 알고 있는 지인 중 몇 사람은 소득이 없는데도 국민연금을 납부하고 있습니다. 많은 사람들이 내고 싶어 하지 않는 국민연금을 내지 않아도 되는 환경인데도 내고 있습니다. 임의가입제도라는 것을 통해서 납부하고 있습니다.

▶ 소득이 없는 전업주부, 학생(군인)도 가입해야 하나요?

○ 전업주부일 경우 의무가입 대상은 아니나 본인의 희망에 의해 가입 가능 (임의가입)
  학생(군인)이라도 소득이 있는 경우는 사업장가입자 또는 지역가입자로 보험료를 내야
  소득이 없다면 납부예외(또는 적용제외) 가능

18세 이상 60세 미만 대한민국 국민이면 특별한 경우를 제외하고 국민연금에 가입하는 것이 원칙입니다. 다만 전업주부로서 배우자가 공무원연금 등 다른 공적연금(사립학교교직원연금, 군인연금, 별정우체국직원 연금)에 가입하고 있거나 이미 연금을 받고 있는 경우, 또는 배우자가 국민연금 가입자로서 보험료를 납부하고 있거나 노령연금을 받고 있는 분이라면 가입대상에서 제외됩니다.

또한 학생 또는 군인으로 소득이 없는 분은 27세 미만은 적용제외, 27세 이후는 납부예외 신청을 통해 해당 기간 동안 연금보험료를 납부하지 않을 수 있습니다. 만약 국민연금 취득신고서를 받았다면 공단 지사에 전화나 우편으로 신고하시면 납부 예외 또는 적용제외로 처리됩니다. 재학증명서, 학생증 등 학생임을 증명할 수 있는 서류를 제출하시면 해당 기간 동안 납부예외 처리가 가능합니다.

전업주부·학생·군인이라도 소득이 있을 경우에는 가입해야 합니다.
※ 국민연금에서 소득은 농업소득, 임업소득, 어업소득, 근로소득, 사업소득, 부동산임대소득을 의미함

소득이 없더라도 노후의 안정된 생활을 위해 본인이 희망하면 임의가입자로 가입하실 수 있습니다. 임의가입 시, 지역가입자의 중위수 소득 이상에 해당하는 연금보험료를 납부할 수 있습니다. (2020년 1월 현재 중위수 소득 : 100만원, 연금보험료 90,000원)

출처 : 국민연금공단

임의가입자로 가입하고 언제든지 납부 예외 처리가 가능합니다. 그런데 왜 임의가입까지 하면서 국민연금을 납부하는 것일까요?

그만큼 국민연금은 민간사업자들이 판매하고 있는 연금 상품보다 좋기 때문입니다. 그 이유에는 다음의 세 가지 정도가 있습니다.

· 물가 상승을 고려한 연금 지급
· 나라가 지급을 보증하는 연금 상품
· 소득이 적은 사람일수록 이득인 상품 구조

직장이 없는 사람도 국민연금을 납부해야 하는 이유입니다. 2020년 기준으로는 임의가입 월 납부 최소금액은 9만 원입니다. 나이가 60세가 다 되어간다면 한 번에 추가 납입을 하는 것도 가능합니다. 지금까지는 납부하지 못한 모든 기간을 한 번에 추가 납입하는 것이 가능했으나, 현재는 10년 이내로 한정하는 법으로 개정 중에 있으니 아마도 이 책을 보고 계신 시점에는 추가 납입 가능 기간이 10년 이내로 줄어 있을 것입니다. 그리고 추가 납입은 한번 신청하고 납입하면 취소가 안 됩니다. 따라서 저축이나 이자를 받는 상품으로 생각하시면 안 됩니다.

**5**

# 국민연금 없이는
# 노후 소득도 없다

　노후 소득을 한 번에 한 가지의 상품으로만 준비하려고 하면 안 됩니다. 왜냐하면, 한 번에 준비하려면 큰돈을 준비하고 넣어야 하기 때문입니다. 그리고 한 가지의 상품으로만 준비하게 되면, 그 상품의 문제가 생기거나 상품을 제공하던 회사에 문제가 생겼을 때, 나에게 손실이 발생할 수 있기 때문입니다.

　따라서 노후 소득도 일단 3층으로 쌓아놓고, 개인연금은 한 가지 이상의 상품과 회사를 선택하는 것이 좋습니다. 그리고 부부인 경우에는 보통 아내에게 연금 상품을 몰아넣는 경우가 많습니다. 여성의 기대수명이 남성보다 길기 때문입니다. 연금 상품은 오래 살수록 수익률이 커집니다.

하지만 이렇게 설계를 해놓고 남편의 수명이 더 길다면 그것도 문제가 됩니다. 그렇다면 결국 남편과 아내 모두 노후 소득을 준비해야 합니다. 국민연금, 퇴직연금, 개인연금으로 말이지요. 모든 노후 소득의 기초가 되는 국민연금을 쌓아놓지 않고는 노후 소득을 생각할 수 없습니다. 이는 국민건강보험이 없이 민간보험사의 실손 의료보험으로 평생 의료비용의 리스크를 감당할 수 있다고 생각하는 것과 같습니다.

공적제도는 수익을 위한 제도가 아닙니다. 손해율을 어느 정도 나라에서 감당하는 제도입니다. 그리고 소득이 많은 사람이 적은 사람에게 부를 재분배하는 역할도 합니다. 따라서 1층인 국민연금이 잘 준비되어야 2층, 3층이 견고하게 쌓아질 수 있는 것입니다. 이렇게 국민연금에 대해서 잘 알아보니 이제는 조금 달리 보이시죠?

물론 국민연금의 단점도 찾아보면 참 많습니다. 그중 두 가지를 살펴봅시다.

• 조기 사망 시 납입한 국민연금은 반환되지 않는다.
• 연금으로만 지급되기 때문에 목돈이 필요할 때 쓰지 못한다.

첫 번째가 가장 많은 사람들이 주장하는 단점입니다. 저도 인정합니다. 조기 사망 시에는 납입한 원금은커녕 일부분도 반환되지 않습니다 (유족연금으로 받을 수도 있으나 여러 가지 조건이나 계산법이 필요하기 때문에 논외로 합니다). 위안을 삼을 수 있는 것은 민간회사의 재원이 되는 것이 아닌, 국가로 귀속된다는 점입니다. 큰 위안은 안 되겠죠.

　두 번째도 많은 사람이 불편해하는 부분입니다. 노후에 병원비가 크게 필요할 때, 개인연금은 일부를 인출해서 쓸 수 있습니다. 하지만 국민연금은 미리 당겨서 목돈으로 받지 못합니다. 이 부분은 오직 개인연금이나 개인자산으로 해결하는 방법밖에는 없습니다.

　그럼에도 불구하고 국민연금의 중요성은 아무리 강조해도 지나치지 않습니다. 국가가 보증하는 연금이기 때문입니다. 노후에 평생 받을 수 있는 제도이기 때문입니다. 내가 납입한 금액과 상관없이 노후 소득이 지급되기 때문입니다. 물가 상승분을 반영해주는 유일한 상품이기 때문입니다.

　이제는 국민연금 납부가 아깝진 않죠?

# 3장

## 퇴직연금

# 퇴직연금이 얼마나 적립되어 있는지 알고 계세요?

퇴직연금과 퇴직금은 다른 제도입니다. 차이점을 아주 심플하게 설명한다면, '누가 돈을 지급하느냐'입니다. 회사에서 지급하면 퇴직금이고, 회사에서 맡긴 금융기관에서 지급하면 퇴직연금입니다. 자신이 다니고 있는 회사에서 퇴직금으로 적립되고 있는지, 퇴직연금으로 적립되고 있는지는 담당 부서에 문의하면 됩니다.

제가 만났던 고객이나 지인 중 자신의 퇴직연금이 얼마나 적립되고 있는지, 어떤 상품에 투자되고 운용되는지 알고 있는 사람은 극히 적었습니다. 왜냐하면, 회사에서도 제대로 공지하지 않고, 정작 퇴직연금을 적립하고 있는 자신도 큰 관심이 없기 때문입니다.

우리나라의 퇴직연금은 원리금보장 상품에 거치되어 있습니다. 말 그대로 거치되어 있는 수준입니다. 내가 매달 적립하고 있는 소중한 돈이 원리금만 보장되는 상품에 아무런 일도 하지 않고 매우 긴 시간 동안 묶여 있다는 말입니다.

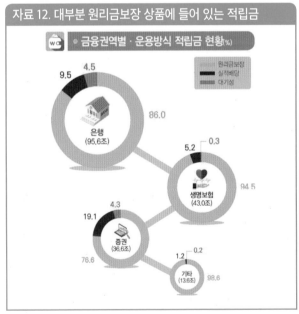

출처 : 고용노동부 퇴직연금(2018년 기준 자료)

우리는 자본주의 시대를 살고 있습니다. 노동으로도 소득을 발생시킬 수 있지만, 자본으로도 할 수 있습니다. 우리의 소득비율은 나이가 들어감에 따라서 노동소득보다 자본소득이 커지는 것이 올바른 방향입니다. 나이가 들수록 노동할 수 있는 체력이 감소하고, 그렇게 되면 효율이 떨어져서 노동소득은 줄거나 아예 사라질 수도 있습니다.

하지만 자본소득은 반대입니다. 자본이 모이면 모일수록 소득은 늘어납니다. 나이가 들면서 자본소득이 늘어나는 것은 어찌 보면 매우 당연한 일입니다. 하지만 주변을 보면 어떤가요? 노동소득이 끊기면 자본소득도 끊기는 경우가 많습니다. 자본으로 소득을 발생시킨 경험이 없고, 방법도 모르기 때문입니다.

오늘 당장, 나의 퇴직연금에 대해서 알아봅시다.

1. 얼마나 적립되어 있는지?
2. DB제도인지, DC제도인지?
3. 적립된 퇴직연금이 어떤 상품에 투자되고 있는지?
4. 투자되고 있는 상품을 변경할 수 있는지?

DB, DC제도에 대해서는 다음 장에서 자세히 알아보도록 합시다.

# DB? DC?
# 이건 뭔가요?

퇴직연금제도에는 총 세 가지가 있습니다.

- 확정급여형(DB, Defined Benefit)
- 확정기여형(DC, Defined Contribution)
- 개인형 퇴직연금(IRP, Individual Retirement Pension)

## 확정급여형(DB)

기존의 퇴직금 금액과 동일한 DB형은 회사가 퇴직연금 재원을 금융 회사에 맡겨 적립 및 운용하고, 근로자가 퇴직하면 정해진 금액을 지급 합니다. 근무 마지막 연도의 임금을 기준으로 지급되기 때문에 장기근 속이 가능하고, 임금 상승률이 큰 사람에게 적합합니다.

## 확정기여형(DC)

근로자 자신이 직접 운용이 가능한 DC형은 회사가 매년 임금 총액에서 일정 비율의 금액을 적립합니다. 따라서 임금 체불 위험이 있거나, 이직이 잦거나 임금 상승률이 낮은 사람에게 적합합니다.

## 개인형 퇴직연금(IRP)

퇴직 시 금액을 수령하거나, DB, DC 외에 추가적립을 원할 때, 개설해서 적립합니다.

가장 먼저 해야 할 일은 자신의 퇴직연금제도가 어떤 것인지 알아보는 것입니다. 그 후에 투자할 상품을 직접 선택할 수 있는지 알아봅니다.

저는 퇴직연금도 자신이 직접 운용해야 한다고 생각합니다. 하지만 이렇게 이야기하면 돌아오는 대답은 그런 운용까지 할 여력이 없다는 것입니다. 압니다. 얼마나 바쁘고 힘겹게 살아가는지 말이죠. 그런데 이렇게 한번 생각해보세요. 지금의 회사에서의 업무와 가정에서의 돌봄도 참 중요하지만, 노후 소득에 대한 준비를 놓치게 되면, 어떤 삶이 기다리고 있을지 말이죠.

미래를 준비하는 일은 어려운 것입니다. 지금을 잘 살아내는 것이 더 중요한 것도 맞습니다. 하지만 지금 현재의 삶을 위해서만 살아가다가

급여가 끊기는 순간이 찾아오면 그때부터는 잘 살아낼 수 없을 것입니다. 자산을 늘려가는 것이 무엇보다 중요한 이유는, 노동소득은 줄어들고, 자본소득이 늘어나는 삶을 살아야 하기 때문입니다.

자본소득은 자산이 클수록 매우 유리합니다. 따라서 자산인 퇴직연금도 자신이 운용해야 합니다. 그 어떤 돈도 허투루 남겨두어서는 안됩니다. 자본을 홀로 남겨두면 이제는 아무 일도 하지 않습니다. 오히려 수수료와 물가 상승 때문에 손실을 입게 됩니다.

# 3

# 나에게는 어떤 종류의
# 퇴직급여가 맞을까?

DB와 DC의 선택을 직원이 할 수 있는 경우는 그리 많지 않습니다. 보통은 둘 중 한 가지를 이미 기업이 선택해서 가입시키는 경우가 대부분입니다. 따라서 DC제도를 선택할 수 있는 경우만을 생각해서 이야기해봅시다.

안녕하세요.

퇴직연금이 적립되고 있다는 건 알고 있었지만, 어떻게 운용이 되고 있는지 문의해봤더니 DC로 되어 있고, 거의 모든 돈이 정기예금으로 적립되어 있었습니다.

지금까지 수익률이 1%가 안 됩니다. 신경 쓰지 않고 있었던 내 자신에게 실망과 후회가 됩니다. 이제라도 좋은 펀드로 투자하고 싶은데, 상품 추천 부탁드립니다.

저의 유튜브를 보고 카카오톡 일대일 대화로 문의를 주신 분입니다. 내용만을 보면 그리 놀랄 일도 아닙니다. 많은 분들이 퇴직연금은 거의 신경 쓰지 않고 있거든요. 퇴직연금으로 적립되고 있는지, 퇴직금인지도 아직 모르고 있는 분들이 많습니다. 굉장히 아쉬운 부분입니다. 그렇다면 이제라도 알아보고 부랴부랴 투자하기 위해서 좋은 상품을 추천받는 것은 어떨까요? 투자는 시작한다고 해서 수익을 주는 상품이 아닙니다. 오히려 정기예금에 넣어두는 것이 나을 만큼 손실이 생길 수 있는 것이 투자입니다. 다른 사람이 투자로 수익을 얻는다고 해서 나도 수익을 얻을 수 있다는 생각은 매우 위험합니다.

제일 첫 번쌔로 해야 할 일은 나의 투자 성향이 어떤지 아는 것입니다. 투자 성향 테스트는 각종 포털 사이트에서 제공하고 있으니 테스트해보시면 됩니다. 테스트해보면 자신의 투자 성향을 알 수 있습니다.

# DB에서 DC로
# 변경 가능한가요?

결론부터 말씀드립니다.

DB ↔ DC 어디로든 변경이 가능합니다.


'근로자퇴직급여보장법' 제4조제3항에 따라, 근로자대표(근로자 과반수로 조직된 노동조합 또는 근로자 과반수)의 동의를 얻어 퇴직급여제도를 변경할 수 있습니다.


확정기여형(DC형) 퇴직연금제도를 설정한 사용자는 '근로자퇴직급여보장법' 제20조제1항에 따라 매년 1회 이상 정기적으로 연간 임금 총액의 12분의 1 이상에 해당하는 부담금을 현금으로 가입자의 확정기여형(DC형) 퇴직연금제도 계정에 부담금을 납입해야 합니다. 가입 근로자는 자기 책임과 권한하에 적립금을 스스로 운영하면서 수익(손실)을 발생시키므로 가입 근로자의 운용 방법에 따라 가입 근로자별 적립금 수준은 달라지게 됩니다.

## DC → DB

근로자 대표(근로자 과반수로 조직된 노동조합 또는 근로자 과반수)의 동의를 얻어 확정기여형(DC형) 퇴직연금제도에서 확정급여형(DB형) 퇴직연금제도로 변경이 가능하나, DB형 제도로 전환하는 시기는 확정기여형(DC형) 퇴직연금제도의 성격상 제도 전환 이후의 근무 기간에 대해서만 전환할 수 있습니다(DB 변경 시점을 퇴직기산일로 산정합니다). 그리고 확정기여형(DC형) 퇴직연금제도에 적립되어 있던 퇴직연금은 확정급여형(DB형) 퇴직연금제도 적립금으로 편입이 불가하고, 개인형 IRP 계좌로 옮겨서 계속 운용해야 합니다.

## DB → DC

근로자 대표(근로자 과반수로 조직된 노동조합 또는 근로자 과반수)의 동의를 얻어 확정급여형(DB형) 퇴직연금제도에서 확정기여형(DC형) 퇴직연금제도로 변경이 가능합니다.

**＊참고사항**

확정급여형(DB형) 퇴직연금제도는 중도인출이 불가하나, 확정기여형(DC형) 퇴직연금제도로 변경 후 중도인출이 가능합니다. 하지만 사업주의 승인과 첨부서류 등 절차가 매우 복잡하다는 것을 참고하시기 바랍니다.

## DC(폐지하지 않고 유지) → DB(추가)

확정기여형(DC형) 퇴직연금제도 적립을 멈추고 이후의 기간에 대해서 확정급여형(DB형) 퇴직연금제도로 추가 가입이 가능합니다. 확정기여형(DC형) 퇴직연금제도의 폐지가 아니므로 적립금은 확정기여형(DC형) 퇴직연금제도 계좌에서 계속 운용 가능합니다.

따라서 사업주는 확정급여형(DB형) 퇴직연금제도, 확정기여형(DC형) 퇴직연금제도, 두 가지를 관리해야 하므로 특별한 회사 사정이 있는 경우를 제외하고는 실제로 이렇게 하는 경우는 거의 없다고 보면 됩니다.

# **4**장

## 연금저축펀드

# 아직도 은행, 보험사에
# 연금저축하고 계세요?

**연금저축 적립금 등 현황**

(단위 : 조 원, 천건, %)

| 구 분 | '18말 | 계약수 | '19말 | 증가율 | 비중 | 계약수 | 계약당 |
|---|---|---|---|---|---|---|---|
| 보 험 | 100.5 | 4,887 | **105.6** | 5.2 | 73.6 | 4,817 | 2,193만원 |
| 신 탁 | 17.2 | 987 | **17.4** | 1.3 | 12.2 | 942 | 1,851만원 |
| 펀 드 | 12.2 | 839 | **14.5** | 19.1 | 10.1 | 941 | 1,539만원 |
| 기 타 | 5.4 | 305 | **5.9** | 8.8 | 4.1 | 320 | 1,840만원 |
| **합 계** | 135.2 | 7,017 | **143.4** | **6.1** | 100 | **7,020** | **2,043만원** |

* 신협, 수협, 새마을금고 및 우체국에서 판매하는 연금저축공제보험

출처 : 금융감독원

　보험과 신탁(은행), 펀드 계좌를 통해 연금저축을 적립할 수 있습니다. 위의 자료를 보면 알 수 있듯이, 연금저축펀드 계좌의 증가율이 매우 높습니다. 그리고 2020년 주식 시장의 상승과 이른바 동학개미운동에 힘입어 2020년에는 연금저축펀드 계좌의 증가율이 훨씬 더 높았을 것으로 보입니다. 그렇다면 수익률은 어땠을까요?

**연금저축상품 수익률 현황**

(단위 : %)

| 구 분 | 신탁 | 펀드 | 보험 | | 전 체 |
| --- | --- | --- | --- | --- | --- |
| | | | 생보 | 손보 | |
| '19년 | 2.34 | 10.50 | 1.84 | 1.50 | 3.05 |
| '18년 | 1.83 | △13.86 | 1.79 | 1.36 | △0.44 |

\* 통합연금포털 공시기준(납입원금 대비 수익률)

※ 개별 상품별·회사별 수익률은 통합연금포털(100lifeplan.fss.or.kr) 「연금저축 비교공시」란에서 확인가능

출처 : 금융감독원

2019년 상황만 봐도 펀드의 수익률이 압도적입니다. 2020년에는 더욱 심하게 벌어져 있을 것으로 예상됩니다. 하지만 아직도 연금저축을 펀드로 운용하기보다는 보험이나 신탁으로 운용하고 있는 적립금이 훨씬 더 많습니다. 왜냐하면, 원금 손실에 대한 두려움 때문입니다.

투자에는 손실이라는 단어가 늘 공존합니다. 수익이 있는 곳에는 손실이 있죠. 하지만 많은 사람들이 손실을 두려워합니다. 그리고 연금저축펀드 계좌를 통해 연금을 적립할 수 있다는 것을 아직도 모르고 있는 분들도 많습니다. 2020년에는 많은 분들의 생각이 변화되는 계기가 되기도 했다고 생각합니다. 그렇다면 왜 연금저축펀드 계좌로 연금을 적립하는 것이 더 좋다고 생각하는 것일까요?

• 저성장 환경에서의 투자를 경험
• 직접 운용이 가능
• 세액공제 혜택 등 세제 혜택을 받을 수 있음

지금은 은행에 돈을 맡기면 물가 상승 때문에 오히려 손해를 보는 시대죠. 그리고 저성장 시대입니다. 따라서 내 자산을 은행에 모아두기만 하면 가치는 계속 떨어집니다. 그래서 투자를 시작해야 합니다.

그것을 경험하기에 연금저축펀드만큼 좋은 것이 없습니다. 직접 운용이 가능하기 때문에 수익과 손실에 대한 경험을 쌓을 수 있습니다. 물론 직접 운용한다는 것은 쉬운 일은 아닙니다. 직접 운용하기 위해서는 공부도 해야 하고, 펀드가 잘 운용되고 있는지 감시도 해야 하기 때문입니다. 앱을 통해서 펀드를 매도하기도 하고, 매수하기도 해야 합니다. 이 모든 것을 투자자가 해내야 하는 것이 부담일 수 있습니다.

하지만 생각해봅시다. 나의 자산을 불리는 데 이 정도의 수고도 없다면, 스스로 불어날까요? 아닙니다. 절대로 스스로 불어나는 자산은 없습니다. 은행에 돈을 맡겨두면 스스로 불어난다고 생각하시나요? 은행 예금도 예금자보호법으로 보호받고 있지만, 원금, 이자 포함 5,000만 원까지만 보호됩니다. 그리고 은행도 문을 닫는 것을 경험하기도 했습니다. 은행 상품은 투자 상품보다 원금 손실이 덜 한 것이지, 스스로 불어나거나 안전하다고 생각하면 안 됩니다.

은행과 보험사에 자신의 연금을 적립하고 있다면 뒤에 계속 이어지는 내용을 보고 심각하게 고민을 시작해야 합니다. 연금저축펀드 계좌로의 이전을 말이죠.

물론 투자 성향대로 투자할 수도 있고, 투자 성향과 다른 방향으로 할 수도 있습니다. 하지만 투자 성향을 고려한 상품을 선택해야 합니다. 어떤 상품을 선택해야 하는지는 퇴직연금 문의 부서에 물어봐야 합니다. 왜냐하면, 퇴직연금을 관리하고 있는 기관에 따라서 투자할 수 있는 상품이 한정되어 있기 때문입니다.

따라서 내게 맞는 상품을 골랐다고 하더라도 투자할 수 없는 상품일 수 있습니다. 반드시 먼저 투자할 수 있는 상품 리스트를 받고, 그 리스트 안에서 나의 성향에 맞는 상품을 골라 투자해야 합니다. 보통 투자 성향을 무시한 채 나이가 어릴 때는 공격적으로, 상대적으로 나이가 많을 때는 안정적으로 투자하라는 조언이 있지만, 저는 그렇게 생각하지 않습니다.

각자의 투자 성향에 맞춰서 투자를 시작해야 지속할 수 있습니다. 안정형인 사람이 나이가 어리다고 해서 공격적으로 투자했다가 큰 손실을 입는다면, 결국 투자에 대한 안 좋은 기억만 남게 되기 때문입니다.

# 증권사에서 연금저축펀드 계좌를
# 만들어봅시다

이제는 많은 증권사들이 지점에서 계좌를 만드는 것보다 모바일, 즉 스마트폰으로 계좌를 만들고 관리하는 시스템을 선호하고 있습니다.

젊은 세대에게는 스마트폰을 활용한 계좌관리, 자산관리가 편하지만 그렇지 못한 세대에게는 여전히 높은 장벽입니다. 하지만 이제 거의 모든 증권사가 지점을 없애고 모바일 환경을 구축하고 있습니다. 인건비, 지점운영비 등이 지출되지 않아서 비용 절감의 의미도 크지만, 많은 사람들이 지점보다 스마트폰으로 언제 어디서나 서비스에 접속하길 원하기 때문입니다. 따라서 이제는 스마트폰을 잘 다룰 수 있어야 자산관리도 편해집니다.

증권사에서 연금저축펀드 계좌, 개인형 IRP 계좌를 만드는 방법은 다음의 두 가지입니다.

- 직접 지점을 방문해서 계좌를 만든다.
- 스마트폰을 이용해 비대면으로 계좌를 만든다.

지점을 방문해서 계좌를 만들기 원할 때는 반드시 방문할 지점에 전화해서, 필요한 서류가 무엇인지 물어보고 미리 준비해야 합니다. 생각보다 많은 서류가 필요할 수 있으며, 다른 금융기관에서 신규 계좌 개설 이후 20영업일이 지나야 새로운 계좌를 개설할 수 있습니다.

스마트폰을 이용해 계좌를 만들 때는 각 증권사의 앱에 접속해서 비대면으로 개설할 수 있습니다. 이때도 마찬가지로 다른 금융기관에서 신규 계좌 개설 이후 20영업일이 지나야 합니다.

# 삼성증권 앱으로
# 계좌 만들기

이번에는, 실제로 계좌를 만들어보고 직접 연금 투지도 해봅시다.

---

**준비물**

1. 스마트폰
2. 주민등록증 또는 운전면허증
3. 거래내역 확인 혹은 입금통보 문자를 받을 수 있는 본인 명의 계좌

---

삼성증권 어플을 이용해 스마트폰에서 계좌를 만드는 방법을 소개합니다.

일단 두 가지의 계좌를 개설해야 합니다.

자료 15. 삼성증권 mPOP 설치 화면

삼성증권 mPOP
Samsung Securities Co., Ltd.

3.6 ★
리뷰 1만개 ⓘ

100만회 이상
다운로드

③
만 3세 이상 ⓘ

설치

앱 정보

계좌개설부터 자산관리까지 All in One MTS
(스마트폰 전용)

금융

자료 16. 삼성증권 mPOP

김한겸님, 안녕하세요  일반

삼성증권  다른금융사          금액

나의 총 자산을 간편하게
확인해보세요

(광고)[삼성증권] KOSPI 연중 최저 거래대금 기록, 자동차·2···     더보기
2022-12-19 | 18:00

종목순위                                          더보기

국내    나스닥    상승률    거래대금    외국인    기관

1 큐알티              2 미스터블루            3 솔
15,400              3,390                12
▲ 3,550(29.96%)      ▲ 780(29.89%)        ▲ 2

주요지수                                          더보기

KOSPI        2,352.17    ▼ 7.85 (0.33%)    장마감

HOME    관심종목  주식현재가  종합차트  주식주문    메뉴

출처 : 삼성증권 앱

아이폰은 앱스토어, 안드로이드폰은 플레이스토어에서 '삼성증권 mPOP'을 설치 후, 실행합니다.

자료 17 앱의 시작화면에서 오른쪽 하단 메뉴를 클릭해서 전체 메뉴를 엽니다.

안내/계좌 개설 ▶ 계좌 개설/인증 ▶ 계좌 개설을 차례대로 누릅니다.

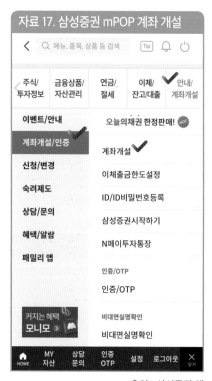

출처 : 삼성증권 앱

계좌 개설 메뉴로 들어가면,

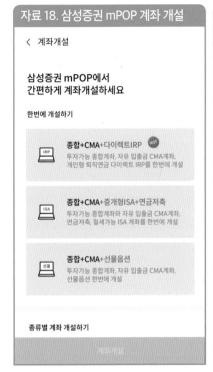

자료 18. 삼성증권 mPOP 계좌 개설

< 계좌개설

**삼성증권 mPOP에서
간편하게 계좌개설하세요**

한번에 개설하기

**종합+CMA+다이렉트IRP** HOT
투자가능 종합계좌, 자유 입출금 CMA계좌,
개인형 퇴직연금 다이렉트 IRP를 한번에 개설

**종합+CMA+중개형ISA+연금저축**
투자가능 종합계좌와 자유 입출금 CMA계좌,
연금저축, 절세가능 ISA 계좌를 한번에 개설

**종합+CMA+선물옵션**
투자가능 종합계좌, 자유 입출금 CMA계좌,
선물옵션 한번에 개설

**종류별 계좌 개설하기**

자료 19. 종류별 계좌 개설하기에서
두 가지 선택 화면

< 계좌개설

종류별 계좌 개설하기

**종합** ✓
국내/해외주식, 채권,
ELS 등 매매 가능한 계좌

**CMA** ✓
매일 이자가 붙고
입출금이 자유로운 계좌

선물옵션
KOSPI200 선물옵션과
개별주식 선물에
투자할 수 있는 계좌

**연금저축** ✓
개인연금저축 절세 계좌

**중개형 ISA** ✓
주식 수수료 절약과 절세
가능한 증권 계좌

일임형 ISA
전문가가 대신 운용하면서
절세도 가능한 계좌

IRP
개인형 퇴직연금 절세 계좌

다이렉트 IRP
개인형 퇴직연금 절세 계좌
(자기수노형 온라인 전용,
운용/자산관리 수수료무료)

금현물

CFD

**계좌개설**

출처 : 삼성증권 앱

1. 한 번에 개설하기
2. 종류별 계좌 개설하기

두 가지가 있습니다. 그중에서 종류별 계좌 개설하기를 선택하기 위해 화면을 내립니다.

종합 계좌와 연금저축 계좌를 선택합니다(CMA 계좌가 없다면 CMA 계좌도 체크해서 개설해야 다음 화면으로 넘어갑니다).

**자료 20. 시작하기 전에 먼저 준비해야 할 것**

< 계좌개설 　　　　　　 취소

**시작하기 전에 먼저 준비하세요!**

- 휴대폰 or 공동인증서
- 주민등록증 or 운전면허증
- 다른 금융기관 계좌

계약 이전용 연금저축계좌 개설 방법 >

시작하기

**계좌개설 절차**

1 본인 확인 및 가입자격 확인
2 신분증 확인
3 계좌정보 입력
4 타 금융기관 본인계좌 확인

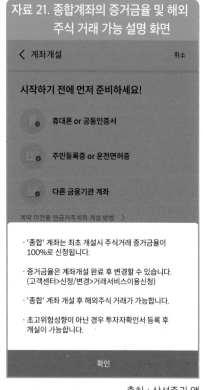

**자료 21. 종합계좌의 증거금율 및 해외 주식 거래 가능 설명 화면**

< 계좌개설 　　　　　　 취소

**시작하기 전에 먼저 준비하세요!**

- 휴대폰 or 공동인증서
- 주민등록증 or 운전면허증
- 다른 금융기관 계좌

계약 이전용 연금저축계좌 개설 방법 >

- '종합' 계좌는 최초 개설시 주식거래 증거금율이 100%로 신청됩니다.
- 증거금율은 계좌개설 완료 후 변경할 수 있습니다. (고객센터>신청/변경>거래서비스이용신청)
- '종합' 계좌 개설 후 해외주식 거래가 가능합니다.
- 초고위험성향이 아닌 경우 투자자확인서 등록 후 개실이 가능합니다.

확인

출처 : 삼성증권 앱

맨 처음 준비물이 그대로 나옵니다. 이미 준비되었으니 시작하기를 누릅니다.

증거금율이라는 것은 레버리지, 즉 돈을 빌려서 투자할 수 있는 비율을 정하는 것입니다.

예를 들면, 다음과 같습니다.

| 자료 22. 증거금율 | | | | |
| --- | --- | --- | --- | --- |
| 구분 | 증거금 30% | 증거금 40% | 증거금 50% | 증거금 60% |
| 100만 원을 보유했을 때 | 330만 원 | 250만 원 | 200만 원 | 100만 원 |
| 부채 비율 | 3.3배 | 2.5배 | 2.0배 | 1.0배 |
| 10% 수익일 때 | 33% 수익 | 25% 수익 | 20% 수익 | 10% 수익 |
| 10% 손실일 때 | 33% 손실 | 25% 손실 | 20% 손실 | 10% 손실 |

출처 : 삼성증권

이렇게 증거금율에 따라서 내가 가진 현금보다 더 많이 투자금을 빌려서 투자할 수 있게 됩니다. 삼성증권 계좌를 개설할 때는 증거금율이 100% 설정되고 변경을 원하면, 그에 맞는 메뉴에 들어가서 변경하면 됩니다.

약관 확인 후 동의에 체크합니다. 약관은 매우 중요한 것이니 꼼꼼히 읽어보고 확인한 후, 확인 버튼을 누르도록 합시다. 많은 분들이 약관을 읽는 것을 매우 귀찮아하거나 내용이 많다 보니 무의식중에 '다음' 버튼을 눌러서 내용조차 확인하지 않습니다. 하지만 약관을 체크하는 습관을 들여야 합니다.

왜냐하면, 약관에 명시된 내용 중 조금이라도 이상한 내용이 있다면 동의하면 안 되기 때문입니다. 물론 삼성증권이나 한국투자증권, 미래에셋증권 같은 대형 증권사의 약관에 문제가 있을 확률은 매우 낮지만, 그래도 반드시 약관을 읽어보는 습관을 가집시다.

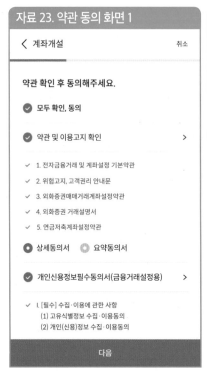

자료 23. 약관 동의 화면 1

< 계좌개설                          취소

**약관 확인 후 동의해주세요.**

✓ 모두 확인, 동의

✓ 약관 및 이용고지 확인                  >

✓ 1. 전자금융거래 및 계좌설정 기본약관
✓ 2. 위험고지, 고객권리 안내문
✓ 3. 외화증권매매거래계좌설정약관
✓ 4. 외화증권 거래설명서
✓ 5. 연금저축계좌설정약관

● 상세동의서      ○ 요약동의서

✓ 개인신용정보필수동의서(금융거래설정용)  >

✓ I. [필수] 수집·이용에 관한 사항
    (1) 고유식별정보 수집·이용동의
    (2) 개인(신용)정보 수집·이용동의

다음

자료 24. 약관 동의 화면 2

< 계좌개설                          취소

(1) 신용공여/미수/파생상품 거래 관련 제공
  - 고유식별정보, 개인(신용)정보
(7) QI(적격 중개기관) 컴플라이언스 관련.
  개인(신용)정보 제공
(8) 해외주식 또는 파생상품 거래 관련 제공
  - 고유식별정보, 개인(신용)정보

✓ 해외주식 직접투자 위험 유의사항          >

✓ CMA약관/RP약관(CMA)/상품설명서          >

✓ CMA약관/핵심(요약)설명서/투자설명서       >

✓ 연금저축 유의사항                       >

✓ 투자정보, 상품안내 등 마케팅을 위한 이용동의

✓ SMS   ✓ 이메일   ✓ 전화   ✓ 우편

✓ 업무통보방법 고객확인                    >

✓ 대상업무
✓ 유의사항

다음

출처 : 삼성증권 앱

투자 정보, 상품 안내 등 마케팅을 위한 이용동의에 체크를 안 해도
문제는 없지만, 그래도 한 가지는 선택해서 정보를 취득하는 것을 추천
해드립니다. SMS로 오는 것이 부담스럽다면, 이메일로 받는 것도 방법
입니다.

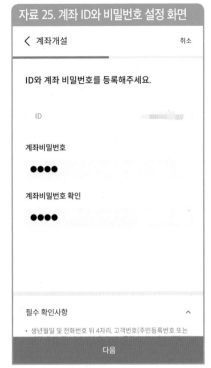

자료 25. 계좌 ID와 비밀번호 설정 화면

〈 계좌개설                          취소

**ID와 계좌 비밀번호를 등록해주세요.**

ID

계좌비밀번호

● ● ● ●

계좌비밀번호 확인

● ● ● ●

필수 확인사항                         ∧

• 생년월일 및 전화번호 뒤 4자리, 고객번호(주민등록번호 또는

다음

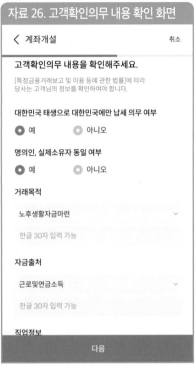

자료 26. 고객확인의무 내용 확인 화면

〈 계좌개설                          취소

**고객확인의무 내용을 확인해주세요.**
[특정금융거래보고 및 이용 등에 관한 법률]에 따라
당사는 고객님의 정보를 확인하여야 합니다.

**대한민국 태생으로 대한민국에만 납세 의무 여부**
◉ 예        ◉ 아니오

**명의인, 실제소유자 동일 여부**
◉ 예        ◉ 아니오

**거래목적**
노후생활자금마련                        ∨
한글 30자 입력 가능

**자금출처**
근로및연금소득                          ∨
한글 30자 입력 가능

**직업정보**

다음

출처 : 삼성증권 앱

계좌 ID와 비밀번호 네 자리를 설정하고 다음을 누릅니다.

'특정금융거래보고 및 이용 등에 관한 법률'에 따라 모든 증권사는
고객의 정보를 확인해야 합니다.

고객확인의무 내용의 각 항목을 누릅니다. 대한민국 납세의 의무와
명의인이 실제 소유자와 동일한지, 거래 목적, 자금 출처, 직업 정보를
채워 넣고 다음을 누릅니다.

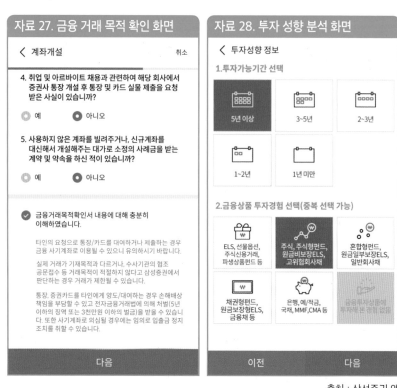

**자료 27. 금융 거래 목적 확인 화면**

< 계좌개설                                      취소

4. 취업 및 아르바이트 채용과 관련하여 해당 회사에서
   증권사 통장 개설 후 통장 및 카드 실물 제출을 요청
   받은 사실이 있습니까?

   ○ 예                    ● 아니오

5. 사용하지 않은 계좌를 빌려주거나, 신규계좌를
   대신해서 개설해주는 대가로 소정의 사례금을 받는
   계약 및 약속을 하신 적이 있습니까?

   ○ 예                    ● 아니오

✔ 금융거래목적확인서 내용에 대해 충분히
   이해하였습니다.

   타인의 요청으로 통장/카드를 대여하거나 제출하는 경우
   금융 사기계좌로 이용될 수 있으니 유의하시기 바랍니다.

   실제 거래가 기재목적과 다르거나, 수사기관의 협조
   공문접수 등 거래목적이 적절하지 않다고 삼성증권에서
   판단하는 경우 거래가 제한될 수 있습니다.

   통장, 증권카드를 타인에게 양도/대여하는 경우 손해배상
   책임을 부담할 수 있고 전자금융거래법에 의해 처벌(5년
   이하의 징역 또는 3천만원 이하의 벌금)을 받을 수 있습니
   다. 또한 사기계좌로 의심될 경우에는 임의로 입출금 정지
   조치를 취할 수 있습니다.

                        다음

**자료 28. 투자 성향 분석 화면**

< 투자성향 정보

1.투자가능기간 선택

[ 5년 이상 ]   [ 3~5년 ]   [ 2~3년 ]

[ 1~2년 ]   [ 1년 미만 ]

2.금융상품 투자경험 선택(중복 선택 가능)

ELS, 선물옵션,      주식, 주식형펀드,      혼합형펀드,
주식신용거래,      원금비보장ELS,      원금일부보장ELS,
파생상품펀드 등      고위험회사채      일반회사채

채권형펀드,      은행, 예/적금,      금융투자상품에
원금보장형ELS,      국채, MMF,CMA 등      투자해본 경험 없음
금융채 등

         이전                  다음

출처 : 삼성증권 앱

    금감원의 '대포통장 근절 종합대책'에 의거해 전화금융사기 예방 및
신규고객 피해 방지를 위해 고객의 금융 거래 목적을 확인해야 합니다.
모든 사항에 알맞게 체크하고 다음을 누릅니다.

    투자 계좌 개설을 위해서는 투자 성향을 등록해 그에 맞는 상품을 권
유받을 수 있습니다.

자료 29. 투자 성향 분석 결과 화면

< 투자성향분석

투자성향 등록이 완료 되었습니다.

고객님은 투자권유를 희망하여,
투자성향에 맞는 상품을 권유받을 수 있습니다.
투자성향결과는 등록된 E-mail로 발송됩니다.

**투자성향분석**

| 일반 | 초고위험투자형 |
| 랩신탁용 | 초고위험투자형 |
| 퇴직연금용 | 초고위험투자형 |

투자성향 및 적합상품 자세히 보기

| 투자권유 희망 여부 | 희망 |
| 투자자 정보 제공 여부 | 제공 |

확인

자료 30. 본인 명의 확인 계좌 인증 화면

< 계좌개설                          취소

본인 명의로 개설된 타 금융기관
계좌 인증을 진행해주세요.

입금자명

· · ·                          1원 입금

금융기관 ∨     계좌번호 '-'없이 숫자 연속 입력

**필수 확인사항**                          ∧

• 휴대폰이나 SMS로 입금 내역을 확인할 수 있는 계좌를
  연결해주세요

다음

출처 : 삼성증권 앱

투자 성향 분석이 완료되면 확인을 누릅니다.

거래 내역 확인 혹은 입금통보 문자를 받을 수 있는 본인 명의 계좌'
는 반드시 입금통보 문자를 받을 수 있는 본인 명의 계좌여야 합니다.
자료 30에서 보이는 것처럼 금융기관을 선택하고 계좌번호를 넣고 다
음을 누르면, 실명 계좌확인을 거친 후 그 계좌로 1원이 입금되면서 인
증번호 세 자리가 입금 내용에 찍히게 됩니다. 그 번호를 확인하려면
문자 통보가 스마트폰으로 전송이 되어야 하기 때문입니다.

자료 31. 인증번호 3자리 입력 화면

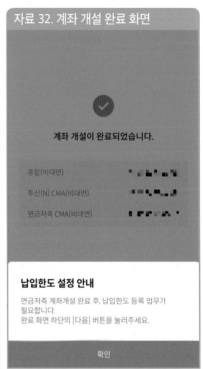

자료 32. 계좌 개설 완료 화면

출처 : 삼성증권 앱

인증번호 세 자리를 입력하고 다음을 누릅니다.

이제 계좌 개설이 완료되었습니다. 연금 계좌에는 납입 한도가 있습니다.

## (8) 연금계좌 세제혜택 확대(소득법 §59의3, §64의4 신설, 소득령 §40의2)

| 현 행 | 개 정 안 |
|---|---|
| □ 연금계좌 세액공제 대상 납입한도 | □ 세액공제 대상 납입한도 확대 및 종합소득금액 기준 합리화 |

**현 행**

○ 연금저축 + 퇴직연금

| 총급여액<br>(종합소득금액) | 세액공제 대상 납입한도<br>(연금저축 납입한도) | | 세액<br>공제율 |
|---|---|---|---|
| | 50세미만 | 50세이상 | |
| 5,500만원 이하<br>(4,000만원) | **700만원**<br>(400만원) | 900만원<br>(600만원*) | 15% |
| 1.2억원 이하<br>(1억원) | | | 12% |
| 1.2억원 초과<br>(1억원) | **700만원**<br>(300만원) | | |

\* '22.12.31.까지 적용

**개 정 안**

○ 연금저축 + 퇴직연금

| 총급여액<br>(종합소득금액) | 세액공제 대상<br>납입한도<br>(연금저축 납입한도) | 세액<br>공제율 |
|---|---|---|
| 5,500만원 이하<br>(4,500만원) | **900만원**<br>(600만원) | 15% |
| 5,500만원 초과<br>(4,500만원) | | 12% |

□ **연금계좌 납입한도**

○ 연금저축 + 퇴직연금
: 연간 1,800만원

○ **추가납입** 가능

- ISA계좌\* 만기 시 전환금액
\* 개인종합자산관리계좌

**<추 가>**

□ **연금계좌 추가납입 확대**

○ (좌 동)

○ **추가납입 항목 신설**

- (좌 동)

- **1주택 고령가구\*가 가격**이 **더 낮은 주택으로 이사**한 경우 그 **차액**(1억원 한도)
\* 부부 중 1인 60세 이상

□ 연금계좌에서 **연금수령 시 과세방법**

○ 1,200만원 이하 : 저율·분리과세\* 또는 종합과세
\* (55세~69세) 5% (70~79세) 4% (80세~) 3% (종신수령) 4%

○ 1,200만원 초과 : **종합과세**

□ 연금소득 **1,200만원 초과** 시에도 **분리과세 선택 가능**

○ (좌 동)

○ **종합과세 또는 15% 분리과세**

출처 : 기획재정부

위의 자료를 참고해서 연금저축 계좌의 한도를 설정하시기 바랍니다. 보통은 최대 한도를 모두 넣습니다.

그리고 계좌이체 또는 자동이체를 사용하려면, OTP를 등록하는 것이 필수입니다. OTP를 등록해봅시다.

출처 : 삼성증권 앱

OTP를 등록하기 위해서는 다음의 두 가지 중 한 가지를 선택해야 합니다.

- 기존에 사용하고 있는 실물 OTP를 등록하기
- 모바일 OTP 발급하기

# 기존에 사용하고 있는 실물 OTP를 등록하기

자료 36. 실물OTP 등록/해지 화면

자료 37. 실물 OTP 등록 화면

출처 : 삼성증권 앱

기존에 사용하고 있는 OTP가 있다면 실물 OTP 등록을 선택해서 OTP를 등록합니다.

OTP 정보에는 사용하고 있는 OTP 정보를 입력하면 됩니다.

자료 38. 실물OTP 앞면

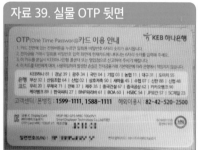

자료 39. 실물 OTP 뒷면

실물 OTP 카드의 뒷면에서 일련번호와 OTP 제조사의 정보를 알 수 있습니다. 정보를 모두 넣고 등록을 누르면 OTP 등록이 완료됩니다.

# 모바일 OTP 발급하기

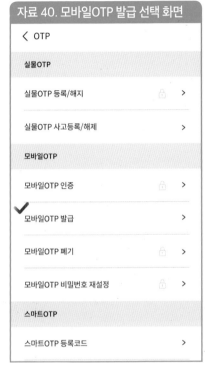

자료 40. 모바일OTP 발급 선택 화면

< OTP

**실물OTP**

실물OTP 등록/해지

실물OTP 사고등록/해제

**모바일OTP**

모바일OTP 인증

✓ 모바일OTP 발급

모바일OTP 폐기

모바일OTP 비밀번호 재설정

**스마트OTP**

스마트OTP 등록코드

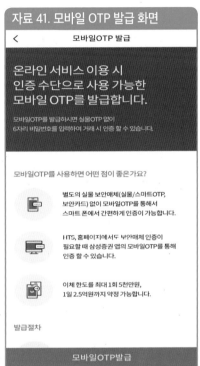

자료 41. 모바일 OTP 발급 화면

< 모바일OTP 발급

온라인 서비스 이용 시
인증 수단으로 사용 가능한
모바일 OTP를 발급합니다.

모바일OTP를 발급하시면 실물OTP 없이
6자리 비밀번호를 입력하여 거래 시 인증 할 수 있습니다.

모바일OTP를 사용하면 어떤 점이 좋은가요?

별도의 실물 보안매체(실물/스마트OTP,
보안카드) 없이 모바일OTP를 통해서
스마트 폰에서 간편하게 인증이 가능합니다.

HTS, 홈페이지에서도 보안매체 인증이
필요할 때 삼성증권 앱의 모바일OTP를 통해
인증 할 수 있습니다.

이체 한도를 최대 1회 5천만원,
1일 2.5억원까지 약정 가능합니다.

발급절차

모바일OTP발급

출처 : 삼성증권 앱

모바일 OTP 발급을 누르고 발급받습니다.

삼성증권이 아닌 타사에 있는 연금저축 또는 IRP 계좌의 자산을 어
플을 통해 이전할 수 있습니다.

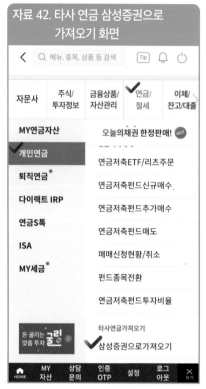

자료 42. 타사 연금 삼성증권으로 가져오기 화면

자료 43. 타사 연금저축 가져오기 신청 화면

출처 : 삼성증권 앱

연금/절세 ▶ 개인연금 ▶ 삼성증권으로 가져오기를 누릅니다.

가져올 계좌를 선택하고 다음을 누른 후 가져올 삼성증권 계좌를 입력합니다.

가져올 삼성증권 계좌는 반드시 '삼성증권연금저축 계좌(이전용)'이어야 합니다. 일반 연금저축 계좌로는 이전되지 않고, 이전용 계좌를 다시 개설해야 합니다.

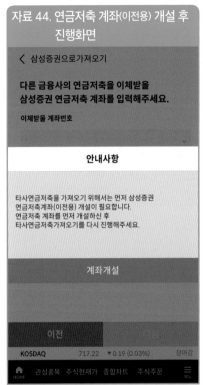

자료 44. 연금저축 계좌(이전용) 개설 후 진행화면

〈 삼성증권으로가져오기

**다른 금융사의 연금저축을 이체받을 삼성증권 연금저축 계좌를 입력해주세요.**

이체받을 계좌번호

안내사항

타사연금저축을 가져오기 위해서는 먼저 삼성증권 연금저축계좌(이전용) 개설이 필요합니다. 연금저축 계좌를 먼저 개설하신 후 타사연금저축가져오기를 다시 진행해주세요.

계좌개설

이전

KOSDAQ    717.22   ▼0.19 (0.03%)    장마감

HOME   관심종목   주식현재가   종합차트   주식주문   메뉴

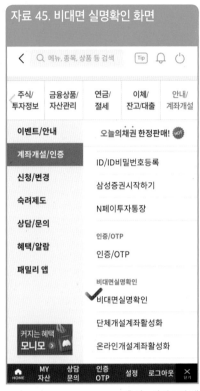

자료 45. 비대면 실명확인 화면

〈   Q 메뉴, 종목, 상품 등 검색   Tip   🔔  ⏻

주식/투자정보 | 금융상품/자산관리 | 연금/절세 | 이체/잔고/대출 | 안내/계좌개설

이벤트/안내    오늘의채권 한정판매! HOT

계좌개설/인증    ID/ID비밀번호등록

신청/변경    삼성증권시작하기

숙려제도    N페이투자통장

상담/문의    인증/OTP

혜택/알람    인증/OTP

패밀리 앱    비대면실명확인
✔비대면실명확인

단체개설계좌활성화

커지는 혜택 **모니모** ›    온라인개설계좌활성화

HOME | MY자산 | 상담문의 | 인증OTP | 설정 | 로그아웃 | ✕ 닫기

출처 : 삼성증권 앱

삼성증권 연금저축 계좌(이전용) 개설 후 이전 신청을 마무리하면 됩니다. IRP 계좌도 동일한 방법으로 한 번에 이전해올 수 있습니다.

그리고 가져오려는 연금 계좌가 비대면 계좌인 경우, 실명확인이 필요합니다. 삼성증권의 경우에는 '안내/계좌 개설 ▶ 계좌 개설/인증 ▶ 비대면 실명확인'에서 실명확인이 가능합니다.

# 4

# 은행, 보험사에 적립된 연금저축을
# 증권사로 옮기기

지금 당장 여러분이 가입하고 있는 연금 상품(퇴직연금DC 포함) 수익률을 확인해보세요. 아마도 깜짝 놀라실 것입니다.

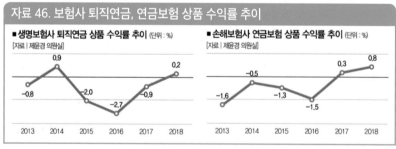

자료 46. 보험사 퇴직연금, 연금보험 상품 수익률 추이

출처 : 제윤경 의원실

보험사 연금 상품의 수익률이 거의 마이너스입니다. 손실이 나고 있다는 말이죠. 모든 상품이 그렇지는 않지만, 상품 수익률 추이라는 말

의 뜻은 평균값이라는 말입니다. 앞의 그래프에서 보여주는 수익률 이상을 기록하고 있을 확률이 매우 적다는 뜻이기도 하겠지요. 그리고 코로나19로 자산 시장이 큰 상승을 하고, 2022년 경기침체 시그널이 나오고 있는 현시점에서 수익률은 더욱 좋지 않겠죠.

2015년부터 보험사 또는 증권사, 은행 등에 적립되어 있는 연금자산을 자유롭게 이전할 수 있는 제도가 시행되었습니다.

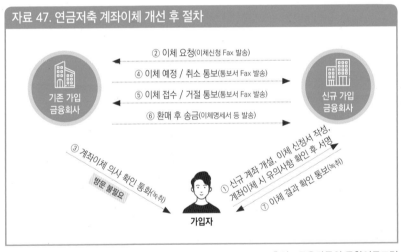

**자료 47. 연금저축 계좌이체 개선 후 절차**

출처 : 금융감독원 통합연금포털

지금은 더욱 간소화되어서 삼성증권의 경우에는 삼성증권 POP 앱에서 한 번에 이전실행을 할 수 있습니다. 각 증권사와 보험사, 은행에서도 전화나 각 회사의 스마트폰 앱을 통해서 간단하게 이전실행을 할 수 있게 되었습니다.

# 아들, 딸에게 미리미리
# 연금저축 선물하기

연금저축 계좌는 누구나 가입할 수 있습니다. 다만 소득 활동을 하지 않는 시기에는 세액공제 혜택을 받을 수는 없겠지요. 그럼에도 불구하고 자녀에게 미리미리 연금저축 계좌를 만들고 납입해주어야 하는 이유는 무엇일까요?

- 50년 이상 장기 투자로 인한 복리효과
- 비과세 증여 활용
- 과세 이연으로 인한 혜택

# 50년 이상 장기 투자로 인한 복리효과

연금저축은 장기 투자 상품입니다. 물론 세액공제를 받지 않은 적립금은 언제든지 입출금이 가능합니다. 수익에 대해서는 과세가 되겠죠. 따라서 장기 투자가 가능한 상품이지, 무조건 장기 투자로 자금이 묶여 있는 것은 아닙니다.

자녀가 태어나자마자 연금저축 계좌를 만들고 적립해준다면, 정말 긴 시간 동안 투자하게 되는 것입니다. 투자를 할 때는 시간을 활용하는 것만큼 강력한 것이 없습니다(투자하는 동안 펀드 감시는 아주 기본적인 것이니 논외로 하겠습니다). 즉, 50년 이상의 장기 투자로 인한 복리효과를 자녀들에게 선물해주는 것입니다. 그리고 훗날 계좌를 알려줄 때, 부모의 준비성에 대해서 자녀가 생각할 수 있는 기회를 줍니다. 시간의 활용을 투자에 적용시키면 이렇게 강력한 자산이 된다는 것도 알려줄 수 있겠죠.

---

**비과세 증여 활용**

자녀에게 연금저축 계좌를 만들어 적립식으로 증여한다면, 증여세 없이 10년간 저축해줄 수 있는 최대 금액은 월 18만 원 정도입니다. 매월 적립식으로 10년 납입 예정일 때, 최초 납입하는 날이 증여일이 됩니다. 증여일로부터 3개월이 되는 달 말일이 신고 납부기한입니다. 증여재산가액은 10년간 납입할 금액의 단순 합계가 아니라 3% 할인율을 적용한 현재가치로 계산합니다.

미성년 자녀에게 증여세 없이 10년간 저축해줄 수 있는 최대 금액은 월 18만 원 정도입니다. 10년 적립금 합계는 22,763,160원(=189,693×12개월×10년)이지만, 3% 할인율을 적용한 현재가치를 계산해보면 약 2,000만 원(증여재산공제액)으로 비과세됩니다. 납부할 세금이 없더라도 증여세 신고는 하는 것이 좋습니다.

장기 투자인 만큼 수익 규모가 커질 수 있고 향후 자녀가 인출해서 사용 시에 합법적인 자금출처임을 간편하게 소명할 수 있기 때문입니다. 단, 세액공제 받지 않은 원금

---

월 18만 원 정도 적립해준다면 '증여'에 해당됩니다. 하지만 미성년 자녀에게는 10년간 2,000만 원, 성년 자녀(만 19세 이상)는 10년간 5,000만 원까지는 세금 없이 증여할 수 있습니다. 따라서 만 18세까지 2,000만 원을 적립해서 증여하고, 만 19세가 되는 해부터 10년간 5,000만 원을 적립해서 증여하면 증여세 없이 증여가 가능하게 됩니다.

## 과세 이연으로 인한 혜택

연금저축 계좌는 운용하는 동안에는 수익에 대해 과세되지 않습니다. 물론 연금으로 받기 시작하거나 인출 시에는 각각의 조건에 따라 과세 됩니다. 따라서 인출하지 않고 장기 투자를 할 경우, 세금에 대한 이득이 상당히 큽니다. 그리고 자녀가 취업해서 소득이 발생하기 시작하면 취업 전에 납입해서 세액공제 혜택을 받지 못한 금액을 '전환 신청' 해서 세액공제를 받을 수 있습니다. 이것은 취업해서 소득이 발생하면 자동으로 집계되어 혜택을 받는 것은 아니고, 반드시 따로 신청해서 세액공제를 받아야 합니다.

지금 증권사에 직접 방문해서 아들, 딸에게 미리미리 연금저축 선물을 시작해봅시다.

# 연금 계좌에서
# 선택해야 할 펀드
## (투자 준비)

# 1장

## 채권

# 채권펀드를 골라봅시다

> **채권**
> 정부, 공공단체, 주식회사 등이 일반인으로부터 자금을 조달하기 위해서 채무이행약
> 속증서를 발행하는 증권

이렇게 여러 가지 채권에 투자하는 펀드 상품을 '채권펀드'라고 합니다. 우리가 개별 종목이 아닌 펀드의 형태로 투자하는 이유는 위험에 노출되는 것을 줄이기 위한 것입니다. 채권펀드도 마찬가지입니다. 채권의 종류가 엄청나게 많은데, 그중 한 가지의 채권에 투자하기보다는 여러 가지의 채권에 투자함으로써 리스크를 줄이는 것입니다.

그렇다면 채권펀드는 어디에서 고를 수 있을까요? 자신이 이용하고 있는 증권사나 은행의 홈페이지에서 펀드 상품을 고를 수 있는 부분으

로 이동하면 고를 수 있습니다. 저는 편의상 한국포스증권(https://www.fosskorea.com/)에서 검색해봤습니다.

자료 48. 국내채권, 해외채권을 선택 후 검색된 펀드 484개

출처 : 한국포스증권

484개의 펀드 중에서 채권과 주식이 함께 투자되고 있는 혼합형을 제외하고, 국내채권만을 담은 펀드를 검색하면 108개가 나오고, 해외채권만을 담은 펀드를 검색하면 155개가 나옵니다. 이 중 어떤 펀드를 골라서 투자해야 할지는 차근차근 살펴보도록 하겠습니다.

따라 하면 저절로 준비되는
연금 투자 매뉴얼

**2**

# 국채와 회사채의 차이점

> **국채**
>
> 중앙정부가 자금조달이나 정책집행을 위해 발행하는 만기가 정해진 채무증서
>
> **회사채**
>
> 주식회사가 일반 대중에게 자금을 모집하려고 집단적 · 대량적으로 발행하는 채권

따라서 국채와 회사채는 발행 주체가 다를 뿐 형식은 같다고 생각하면 됩니다. 그러나 발행 주체가 국가인 채권과 주식회사인 채권의 믿을 만한 정도(신용도)는 다릅니다. 물론 국가가 발행하는 국채가 신용도면에서는 회사채보다 높은 경우가 많습니다.

하지만 반대인 경우도 있겠죠. 예를 들면, 신용도가 낮은 국가에서 발행한 국채는 미국의 우량한 빅테크 기업이 발행한 회사채보다 신용

도가 낮을 수도 있을 것입니다. 그래서 채권펀드를 고를 때에도 신중하게 골라야 하는 것이지요. 그렇다면 어느 시점에 국채와 회사채를 보유해야 하는지 살펴봅시다.

채권의 장점은 원금이 보장되는 상품이라는 것입니다(하지만 채권 펀드는 투자 상품이므로 원금이 보장되지 않습니다). 원금이 그대로 권리로 남아 있으면서 그에 대한 이자를 받는 상품입니다. 따라서 원금이 보장되는 것이 장점일 수도 있으나 단점이 될 수도 있습니다. 왜냐하면 원금이 그대로 남아 있는 상태에서 물가가 올라버리면 오히려 원금의 가치는 손실되기 때문입니다.

예를 들어보겠습니다. 내가 만 원짜리 지폐 한 장을 가지고 수박을 살 수 있었는데, 수박을 사지 않고 지폐로 가지고 있었습니다. 다음 날 수박가격이 11,000원으로 오르면, 물가가 10% 오른 것입니다. 그러면 내가 가지고 있는 만 원으로는 수박 1개를 살 수 없습니다. 원금의 가치가 손실된 것이지요.

이렇듯 원금보장은 물가의 상승, 하락에 따라 손익 여부가 결정됩니다. 이것이 채권의 가격과 상관이 있습니다.

"채권의 가격은 이미 정확히 명시되어 있는데 무슨 채권의 가격이 오르고 내립니까?"라고 궁금해할 분들도 계실 것입니다. 맞습니다. 채권의 가격은 이미 정해져 있고, 연 이자도 모두 적혀 있습니다. 하지만

이 채권을 팔고 살 수 있는 시장이 형성되어 있습니다. 그렇기 때문에 금리에 따라서 채권의 가격 변동이 생기는 것입니다.

물가가 오르기 시작한다는 것은 경기가 좋아지고 있다는 것입니다. 물가가 오르고 있기 때문에 너도나도 돈을 빌려서 지폐로 가지고 있기 보다는 자산을 삽니다. 앞에서 예를 든 수박을 사두는 거죠. 수박이 부동산, 주식, 펀드, 사업자금 등이 될 수 있겠죠. 너도나도 돈을 빌리려고 하니 금리는 올라가겠죠. 금리가 올라가면 채권금리도 따라서 오르게 됩니다. 그러면 이미 발행된 채권의 금리보다 높은 금리의 채권이 발행되기 시작합니다. 이때 이미 발행된 채권의 가격은 하락하게 됩니다(5%의 이자를 주는 채권보다 10%의 이자를 주는 채권이 더 비싸겠죠).

따라서 금리가 오르면 채권의 가격은 하락합니다. 반대로 금리가 내려가면 채권의 가격은 상승합니다. 경기가 좋아지고 물가가 오르기 시작하면 금리가 오르고 채권가격은 떨어집니다. 반대로 경기가 나빠지고 물가가 내려가기 시작하면 금리도 내려가고 채권가격은 오릅니다.

하지만 늘 이런 것은 아닙니다. 채권도 얼마나 긴 기간 동안 돈을 빌려주느냐에 따라서 가격이 달라집니다. 보통 국채는 기간이 길고, 회사채는 그에 비해 기간이 짧습니다. 왜냐하면, 국채는 국가가 보증하는 채무이기 때문에 기간이 길어도 상환하지 못할 것 같은 불안감이 적습니다. 반면 회사채는 보증하는 회사가 부도가 나버리면 채권도 휴지 조각이 될 수 있으므로 기간이 길면 팔리지 않습니다. 따라서 회사채는 보통 듀레이션(duration, 투자 자금의 평균 회수 기간)이 짧습니다.

　따라서 금리가 상승하는 기간에는 회사채에 투자하고, 금리가 하락하는 기간에는 국채에 투자하는 투자자들이 많습니다. 저도 그렇게 투자하고 있습니다.

# 채권을 꼭 넣어야 하나요?

결론부터 말씀드릴게요. 채권을 꼭 넣을 필요는 없습니다. 채권도 연금저축펀드 또는 개인형IRP 투자 자산의 포트폴리오 중 하나라고 생각하시면 됩니다. 결국, 지금 당장 쓸 자금을 모으는 것이 아니라, 노후에 쓰일 자금을 모으는 것이기 때문에 변동성이 크다면 큰 수익을 얻을 수도 있지만, 큰 손실을 얻을 수도 있다는 것을 꼭 명심해야 합니다.

변동성을 줄이려면 분산 투자를 해야 합니다. 한 가지 펀드에 나의 노후 자금을 모두 투자하기보다는 여러 가지 펀드에 분산 투자해서 변동성을 줄여야 합니다.

다음 자료는 레이 달리오(Ray Dalio)의 올웨더 포트폴리오입니다.

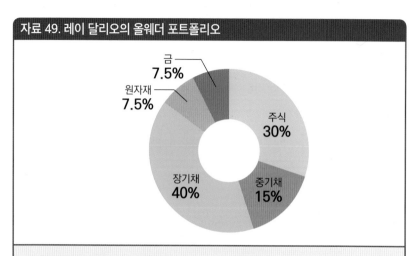

**자료 49. 레이 달리오의 올웨더 포트폴리오**

금
**7.5%**

원자재
**7.5%**

주식
**30%**

중기채
**15%**

장기채
**40%**

**레이 달리오의 올웨더 포트폴리오**

주식과 채권, 원자재, 금을 적절히 배분해서 분산 투자하면, 그 어떤 경기의 순환에도 견디는 포트폴리오를 만들 수 있다고 해서 붙여진 이름

연금저축펀드에도 똑같이 적용할 수 있습니다. 펀드와 ETF를 이용하면 충분히 올웨더 포트폴리오를 만들 수 있습니다. 올웨더 포트폴리오만이 정답이라고 말하고 있는 것은 아닙니다. 투자는 개인의 성향이 매우 크게 영향을 미치므로, 한 가지 방법이 모든 사람에게 적용되지는 않습니다.

하지만 여기서 눈여겨봐야 할 것은 주식에만 투자하기보다는 금, 원자재, 채권 등에 분산 투자를 하면 변동성을 줄일 수 있기 때문에 모든 계절(경기의 순환)에도 견딜 수 있는 포트폴리오를 만들 수 있다는 것입니다.

이것을 나의 노후 자산 포트폴리오에 적용할 때, 처음에는 똑같은 비율로 투자를 시작하고 맞지 않는 부분은 수정해나가 나만의 포트폴리오를 완성하게 되면, 노후 자금이 잘 지켜지고 오히려 크게 불릴 수 있게 됩니다. 채권펀드를 꼭 넣어야 하는지에 대한 답입니다. 변동성을 줄이고 안정적인 포트폴리오 운영을 위해서는 꼭 넣어보시기 바랍니다.

# 채권의 비중은 어느 정도
# 가져가야 할까요?

채권이 무엇인지, 그리고 국채와 회사채의 차이점은 무엇인지, 채권 펀드는 무엇인지 알아봤습니다. 그렇다면 채권의 비중은 어느 정도 가져가야 할까요?

정해진 답은 없습니다. 가장 이상적인 방향은 계속해서 포트폴리오의 각 자산의 비중을 조절해가면서 최적의 포트폴리오를 만들어가는 것입니다. 그렇게 되려면 결국 일단 시작을 해야 합니다. 시작 없이는 아무것도 해내지 못합니다. 시작할 때 좋은 비율은 앞의 자료 49에서 이야기한 레이 달리오의 올웨더 포트폴리오를 참고하면 됩니다. 다시 한번 살펴봅시다.

올웨더 포트폴리오에서는 채권을 장기채와 중기채의 두 가지로 나누어 투자했습니다.

장기채는 40%, 중기채는 15%입니다. 보통 장기채는 상환 기간이 5~10년을 말하고, 중기채는 2~5년을 말합니다. 한국은 5년 이상을 장기채로 보는 반면, 미국은 10년 이상을 장기채로 봅니다. 미국 국채 중에는 20년짜리 채권도 있기 때문입니다.

필자는 올웨더 포트폴리오로 시작해서 지금은 많이 변형된 저만의 포트폴리오를 구성해 운영하고 있습니다. 지금 현재 금, 원자재에는 투자하지 않고, 한국 주식, 미국 주식, 하이일드채권펀드, 암호화폐, 부동산으로 구성된 포트폴리오를 가지고 있습니다. 코로나19로 금리가 많이 내려간 상태에서 장기채와 중기채를 담고 있는 것은 큰 리스크라고 생각했기 때문입니다.

결국, 금리는 올라갈 예정인데 채권을 전체 포트폴리오에서 50% 이상을 들고 있는 것은 손실을 계속 보겠다는 의미로 해석했기 때문입니다. 그래서 채권 중에서도 기간이 짧고 금리가 높은 하이일드채권펀드로 구성했고, 암호화폐를 넣었습니다.

결국, 시작은 레이 달리오의 올웨더 포트폴리오로 시작했지만 계속 변형을 거듭해서 지금의 포트폴리오를 구성했고, 계속해서 시장의 상황을 고려해 변형하고 있습니다. 투자에 정답이란 없습니다. 어떤 자산을 가지고 있는가도 중요하지만, 내가 어떤 사람인지 아는 것이 더 중요합니다. 리스크와 변동성에 취약한 사람은 결국 채권을 많이 들고 가는 것이 좋습니다. 그래야 마음이 편하고, 무리하지 않게 됩니다.

하지만 어느 정도 리스크를 감수할 수 있다면, 안정적인 채권의 비중을 조금 줄이고, 리스크가 크지만 수익도 큰 자산의 비중을 늘리면 됩니다. 채권펀드의 비중을 어느 정도 가져가야 할지는 일단 시작해봐야 압니다. 시작도 하기 전에 비중을 얼마나 가져갈지로 시간을 허비하지 마시기 바랍니다.

첫 시작은 올웨더 포트폴리오로 시작하는 것을 추천합니다. 연금저축펀드 계좌가 개별 종목에 투자하는 계좌보다는 변동성이 적어야 합니다. 왜냐하면, 연금이라는 자산은 나의 노후에 쓸 자금이기 때문입니다. 따라서 어느 정도 마음 편한 투자를 지향해야 합니다.

그렇지 않고 자신이 어떤 투자 성향인지도 모르고, 여기저기 수익률이 높은 자산으로 왔다 갔다 한다면 곧 나의 노후 자금은 녹아내릴 것입니다. 자산을 지키기 위해 신경을 써야 합니다. 매일은 아니어도 적어도 한 달에 한 번은 계좌를 들여다보고, 편입된 자산의 상태도 살펴야 합니다.

# 5

# 원금보장 되는
# 예금에 넣고 싶어요

자료 50. 주요국 퇴직연금 포트폴리오

**주요국 퇴직연금 포트폴리오**
(단위:%)

| 한국 | | 미국 | | 호주 | |
|---|---|---|---|---|---|
| 원금 보장형 | 89 | 국내 주식 | 57 | 원금 보장형 | 31 |
| 펀드 | 9 | 국내 채권 | 19 | 해외 주식 | 26 |
| 변액보험 | 1 | 해외 주식 | 17 | 국내 주식 | 23 |
| 기타 | 1 | 해외 채권 | 3 | 비상장 주식 | 4 |
| | | 원금 보장형 | 4 | 기타 | 16 |

※지난해 기준, 미국과 호주는 주식에 펀드도 포함

**주요국 퇴직연금 수익률**
(단위:%) ※2020년 기준. 미국은 401k
호주는 슈퍼애뉴에이션 기준

| 미국 | 호주 | 한국 |
|---|---|---|
| 14.85 | 3.10 | 2.58 |

자료:금감원, 머서코리아

출처 : 〈한국경제신문〉

　　위의 자료의 미국과 호주, 그리고 한국의 퇴직연금 포트폴리오 구성
은 큰 차이를 보입니다. 미국은 주식 비중이 크고, 호주는 반반, 한국은
원금보장형 상품의 비중이 큽니다. 수익률을 살펴보게 되면 미국이 월
등히 높고, 호주, 한국 순서죠.

지금 우리는 인플레이션의 시대를 살고 있습니다. 각 국가마다 인플레이션을 일으켜 자국의 화폐가치를 떨어뜨리고, 수출을 통해 외화를 벌어들이려고 하는 추세입니다. 그렇다면 화폐를 가지고 있다는 것은 결국 손실을 입고 있는 것이죠. 더욱이 연금 상품은 긴 시간 투자되는 상품입니다. 그런 상품의 구성을 원금보장형으로 한다는 것은 계속 손실을 입겠다는 이야기라고 할 수 있습니다.

이렇게 한국의 퇴직연금 포트폴리오가 원금보장형 상품으로 구성되어 있는 것은 이유가 있습니다. 보통 한국의 퇴직연금은 DB형으로 되어 있습니다. 회사가 납입해야 할 금액이 정해져 있는 경우죠. 따라서 회사는 정해져 있는 금액을 가지고 있다가 퇴직할 때 돌려주면 됩니다. 그러면 원금보장형 상품으로 구성해서 정해진 금액을 돌려주려고 하지, 손실의 위험이 있는 주식형 상품은 쳐다도 안 보는 것이 정상이겠죠.

하지만 자신의 퇴직연금이 DC형이라면 이야기는 달라집니다. DC형은 회사가 납입해야 할 금액이 정해져 있지 않고, 매달 납입해주는 금액을 퇴직 전까지 각자 알아서 잘 굴려야 하는 제도입니다. 그럼에도 불구하고 원금보장형으로 구성된 이유는 신경을 쓰지 않기 때문이죠. 처음 입사하거나 이직을 할 때 퇴직연금 구성상품을 추천해주는 상품 그대로 투자하거나, 투자를 잘 알지 못하니 원금 손실이 없다고 생각되는 원금보장 상품에 넣어놓는 것입니다. 뒤에서 소개하겠지만, TDF에만 넣어두어도 원금보장 상품보다는 훌륭한 수익률로 투자 금액이 굴러가는데, 안타까운 현실입니다.

이제 우리는 원금보장이라는 무책임한 문장에 속지 맙시다. 원금보장을 해준다는 것은 내 돈을 가져가서 다른 곳에서 열심히 굴리고 그 수익은 주지 않겠다는 것입니다. 거꾸로 생각해보면 쉽게 답이 나오죠. 그 누가 나에게 무이자로 돈을 빌려줄까요? 그런 바보는 세상에 없습니다. 하지만 수많은 사람들이 거의 무이자로 은행이 돈을 빌려가게 놓아두고 있습니다. 우리의 돈으로 은행은 이자 놀이를 하고 있죠. 그 수익 중 극히 일부를 나에게 돌려줍니다. 원금을 보장해준다는 명목하에 말이죠.

원금보장 상품은 단기간 자금을 모으거나, 다른 투자를 기다리며 파킹해놓고 잠시 들렀다 가는 곳이지, 나의 돈을 몇십 년씩 맡겨두는 곳은 절대로 아닙니다.

# **2**장

## 주식

# 한국 주식으로
# 구성된 펀드

펀드 중에서도 한국 주식으로만 구성된 펀드가 있습니다.

## 자료 51. FOSS증권 홈페이지에서 국내 주식으로 검색된 펀드

**FOSS**

검색어를 입력하세요 🔍   ⑩ 메타버스

👤 My페이지 　 펀드 　 연금저축 　 IRP 　 뱅킹/업무 　 투자정보 　 고객지원 　　　 공동인증　 OTP센터　 ☰

🏠홈 / 펀드 / 펀드검색 / 전체펀드 -

### 펀드 검색

검색하실 펀드명을 입력하세요. 🔍

| 펀드속성 ? | 펀드유형 | 운용전략 | 운용규모 | 위험등급 | 슈퍼뱃지 ? | 운용사 |
|---|---|---|---|---|---|---|
| ☑ 전체 | ☐ 전체 | ☐ 전체 | ☑ 전체 | ☑ 전체 | ☑ 전체 | ☑ 전체 |
| ☐ 일반펀드 | ☐ 국내주식 ─ | ☐ 배당주 | ☐ 10억원 미만 | ☐ 매우 낮은 위험 | ☐ 성과지속 | ○ 국내주식 규모 top5 |
| ☐ 연금펀드 | 　 ☑ 일반주식 | ☐ 가치주 | ☐ 10~100억원 | ☐ 낮은 위험 | ☐ 평가등급 | ○ 국내채권 규모 top5 |
| | 　 ☑ 중소형주식 | ☐ 공모주(혼합) | ☐ 100~500억원 | ☐ 보통 위험 | ☐ 수익율 | ○ 해외주식 규모 top5 |
| | 　 ☑ 배당주식 | ☐ 공모주(채권) | ☐ 500~1,000억원 | ☐ 다소 높은 위험 | ☐ 판매액 | ○ 해외채권 규모 top5 |
| | 　 ☑ 테마주식 | ☐ 인덱스 | ☐ 1,000~5,000억원 | ☐ 높은 위험 | ☐ 조회 | |
| | 　 ☑ K200인덱스 | ☐ 롱/숏 | ☐ 5,000억원 이상 | ☐ 매우 높은 위험 | ☐ 유입액 | ☐ 골든브릿지자산운용 |
| | 　 ☑ 기타인덱스 | ☐ 로보어드바이 | | | ☐ 뱃지없음 | ☐ 교보악사자산운용 |
| | 　 ☐ 일반주식혼합 | 저 | | | | ☐ 대신자산운용 |
| | 　 ☑ 공격적자산배분 | | | | | ☐ 디더블유에스자산운 |
| | ☐ 국내채권 ＋ | | | | | 　용 |
| | | | | | | ☐ 라자드코리아자산운 |

상세검색 열기 ∨

· 현재 검색된 펀드는 <u>453</u>개 입니다. 　　 **검색결과 보기** 　 조건 초기화

출처 : 한국포스증권

펀드 유형에서 '일반 주식 혼합'의 체크박스를 제외해야 주식과 채권 등 다른 자산이 포함된 펀드가 함께 검색되지 않습니다.

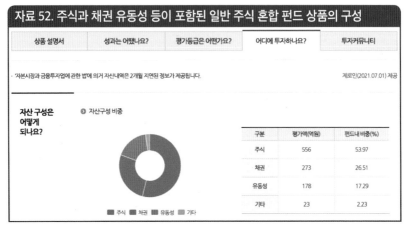

자료 52. 주식과 채권 유동성 등이 포함된 일반 주식 혼합 펀드 상품의 구성

| 구분 | 평가액(억원) | 펀드내 비중(%) |
|---|---|---|
| 주식 | 556 | 53.97 |
| 채권 | 273 | 26.51 |
| 유동성 | 178 | 17.29 |
| 기타 | 23 | 2.23 |

출처 : 한국포스증권

한국 주식으로만 구성된 펀드를 선택하고 자산 구성을 보게 되면, 이렇게 주식의 펀드 내 비중이 90% 이상인 것을 볼 수 있습니다.

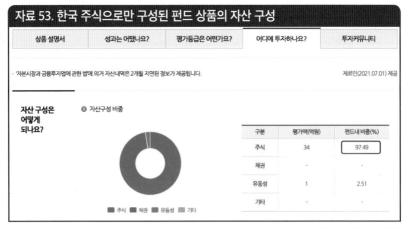

자료 53. 한국 주식으로만 구성된 펀드 상품의 자산 구성

| 구분 | 평가액(억원) | 펀드내 비중(%) |
|---|---|---|
| 주식 | 34 | 97.49 |
| 채권 | - | - |
| 유동성 | 1 | 2.51 |
| 기타 | | |

출처 : 한국포스증권

따라서 자산 구성 중 60%를 주식에, 나머지 40%를 채권에 투자해도 주식형 펀드로 검색이 됩니다.

한국 주식으로만 구성된 펀드의 장점은 우리가 알고 있는 기업, 실제로 사용하고 있는 제품을 만드는 기업에 투자할 수 있다는 점입니다.

삼성전자, 네이버, 현대차, 카카오 등 이름만 들어도 무엇을 팔고, 어떤 서비스를 제공하는 회사인지 잘 아는 종목들로 구성이 되어 있습니다. 한국 사람이라면 누구나 알고 있는 회사이기 때문에 투자의 기본을 지킬 수 있습니다. 그 기본은 바로 "내가 알고 있는 기업에 투자한다" 입니다.

하지만 단점도 있습니다. 한국 주식으로만 구성되어 있기 때문에 제조업 기반의 기업들이 많아서 변동성이 큽니다. 그 변동성을 해외 주식을 편입함으로써 줄여줄 수 있는데, 그렇지 못하다는 것이 단점입니다.

따라서 연금자산 포트폴리오에서 한국 주식으로만 구성된 펀드를 100% 편입하는 것보다는 해외 주식으로 구성된 펀드를 일부 포함시키

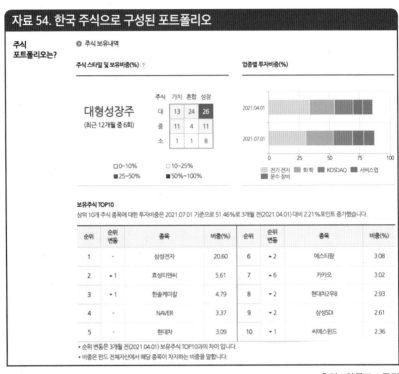

**자료 54. 한국 주식으로 구성된 포트폴리오**

**주식 포트폴리오는?**

❷ 주식 보유내역

주식 스타일 및 보유비중(%) ?

**대형성장주**
(최근 12개월 중 6회)

| 주식 | 가치 | 혼합 | 성장 |
|---|---|---|---|
| 대 | 13 | 24 | 26 |
| 중 | 11 | 4 | 11 |
| 소 | 1 | 1 | 8 |

□ 0~10%    □ 10~25%
■ 25~50%    ■ 50%~100%

업종별 투자비중(%)

2021.04.01
2021.07.01

0    25    50    75    100

■ 전기 전자  ■ 화학  ■ KOSDAQ  ■ 서비스업
■ 운수 장비

**보유주식 TOP10**
상위 10개 주식 종목에 대한 투자비중은 2021.07.01 기준으로 51.46%로 3개월 전(2021.04.01) 대비 2.21%포인트 증가했습니다.

| 순위 | 순위 변동 | 종목 | 비중(%) | 순위 | 순위 변동 | 종목 | 비중(%) |
|---|---|---|---|---|---|---|---|
| 1 | - | 삼성전자 | 20.60 | 6 | ▲2 | 에스티팜 | 3.08 |
| 2 | ▲1 | 효성티앤씨 | 5.61 | 7 | ▲6 | 카카오 | 3.02 |
| 3 | ▼1 | 한솔케미칼 | 4.79 | 8 | ▼2 | 현대차2우B | 2.93 |
| 4 | - | NAVER | 3.37 | 9 | ▼2 | 삼성SDI | 2.61 |
| 5 | - | 현대차 | 3.09 | 10 | ▼1 | 씨에스윈드 | 2.36 |

* 순위 변동은 3개월 전(2021.04.01) 보유주식 TOP10과의 차이 입니다.
* 비중은 펀드 전체자산에서 해당 종목이 차지하는 비중을 말합니다.

출처 : 한국포스증권

는 것이 변동성을 줄여주고, 거시경제 사이클에서 오는 리스크도 분산
시킬 수 있습니다.

# 미국 주식으로
# 구성된 펀드

한국 주식으로 구성된 펀드를 살펴봤으니, 이번에는 미국 주식으로 구성된 펀드를 살펴봅시다.

**자료 55. 북미 주식으로 검색된 펀드**

## 펀드 검색

검색하실 펀드명을 입력하세요.

| 펀드속성 ⑦ | 펀드유형 | 운용전략 | 운용규모 | 위험등급 | 슈퍼뱃지 ⑦ | 운용사 |
|---|---|---|---|---|---|---|
| ☑ 전체 | ☐ 전체 | ☐ 중국본토A | ☑ 전체 | ☑ 전체 | ☑ 전체 | ☑ 전체 |
| ☐ 일반펀드 | ☐ 국내주식 + | ☐ 배당주 | ☐ 10억원 미만 | ☐ 매우 낮은 위험 | ☐ 성과지속 | ◯ 국내주식 규모 top5 |
| ☐ 연금펀드 | ☐ 국내채권 + | ☐ 가치주 | ☐ 10~100억원 | ☐ 낮은 위험 | ☐ 평가등급 | ◯ 국내채권 규모 top5 |
| | ☐ 해외주식 − | ☐ 공모주(혼합) | ☐ 100~500억원 | ☐ 보통 위험 | ☐ 수익률 | ◯ 해외주식 규모 top5 |
| | ☐ 글로벌주식 | ☐ 공모주(채권) | ☐ 500~1,000억원 | ☐ 다소 높은 위험 | ☐ 판매액 | ◯ 해외채권 규모 top5 |
| | ☐ 유럽주식 | ☐ 인덱스 | ☐ 1,000~5,000억원 | ☐ 높은 위험 | ☐ 조회 | |
| | ☑ 북미주식 | ☐ 롱/숏 | ☐ 5,000억원 이상 | ☐ 매우 높은 위험 | ☐ 유입액 | ☐ 골든브릿지자산운용 |
| | ☐ 아시아태평양주식 | ☐ 로보어드바이 | | | ☐ 뱃지없음 | ☐ 교보악사자산운용 |
| | ☐ 아시아태평양주식(ex J) | 저 | | | | ☐ 대신자산운용 |
| | ☐ 동남아주식 | | | | | ☐ 디더블유에스자산운용 |
| | | | | | | ☐ 라자드 코리아자산운용 |

상세검색 열기 ∨

현재 검색된 펀드는 <u>58</u>개 입니다.    **검색결과 보기**    조건 초기화

출처 : 한국포스증권

포스증권 홈페이지에서 북미 주식으로만 구성된 펀드는 58개가 검색됩니다. 채권이나 다른 자산과의 혼합된 펀드도 있지만, 일단 북미 주식으로만 구성된 주식형 펀드를 검색한 것입니다. 물론 주식형 펀드라고 해서 주식 자산으로만 구성된 포트폴리오를 가지고 있는 것은 아닙니다. 앞 장에서도 알려드렸지만, 한 번 더 알려드립니다.

---

**주식형 펀드**

자산의 최소 60% 이상을 주식에 투자하는 펀드를 말한다. 자산의 50~60%를 투자하는 펀드는 주식 혼합형, 50% 미만 투자하는 펀드는 채권 혼합형이라 한다. 채권형 펀드는 채권에 60% 이상 투자한다. 채권형 펀드가 안정적인 수익을 지향하는 상품인 반면, 주식형 펀드는 보다 공격적인 상품이라고 할 수 있다.

출처 : 한경 경제용어사전

---

따라서 주식 100%로 구성된 펀드가 아닐 수도 있습니다. 하지만 주식형 펀드는 보통 주식 비중이 80~100%라고 생각하시면 됩니다.

검색된 펀드 중 하나를 골라 포트폴리오의 비중을 살펴보겠습니다.

다음 자료 56의 펀드는 미국 주식에 투자하는 비중이 94%가 넘습니다. 한국에 판매되고 있는 펀드이기 때문에 한국 주식도 가지고 있네요. 중국, 브라질, 네덜란드순으로 비중을 가지고 있습니다.

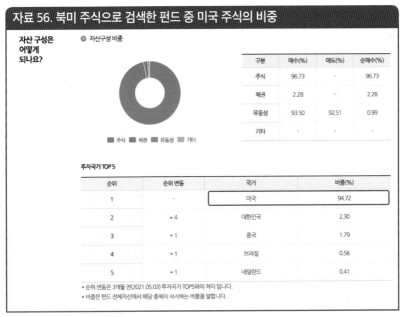

**자료 56. 북미 주식으로 검색한 펀드 중 미국 주식의 비중**

자산 구성은 어떻게 되나요?

● 자산구성 비중

| 구분 | 매수(%) | 매도(%) | 순매수(%) |
|---|---|---|---|
| 주식 | 96.73 | - | 96.73 |
| 채권 | 2.28 | - | 2.28 |
| 유동성 | 93.50 | 92.51 | 0.99 |
| 기타 | - | - | - |

■ 주식 ■ 채권 ■ 유동성 ■ 기타

**투자국가 TOP 5**

| 순위 | 순위 변동 | 국가 | 비중(%) |
|---|---|---|---|
| 1 | - | 미국 | 94.72 |
| 2 | ▲ 4 | 대한민국 | 2.30 |
| 3 | ▼ 1 | 중국 | 1.79 |
| 4 | ▼ 1 | 브라질 | 0.56 |
| 5 | ▼ 1 | 네덜란드 | 0.41 |

* 순위 변동은 3개월 전(2021.05.03) 투자국가 TOP5와의 차이 입니다.
* 비중은 펀드 전체자산에서 해당 종목이 차지하는 비중을 말합니다.

출처 : 한국포스증권

보유하고 있는 개별 주식을 살펴봅시다.

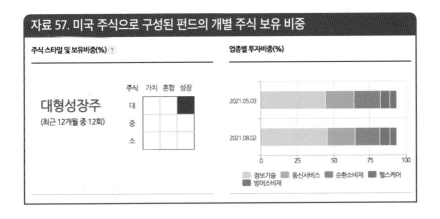

**자료 57. 미국 주식으로 구성된 펀드의 개별 주식 보유 비중**

주식 스타일 및 보유비중(%) ⓘ

**대형성장주**
(최근 12개월 중 12회)

| 주식 | 가치 | 혼합 | 성장 |
|---|---|---|---|
| 대 | | | |
| 중 | | | |
| 소 | | | |

업종별 투자비중(%)

2021.05.03
2021.08.02

0　25　50　75　100

■ 정보기술　■ 통신서비스　■ 순환소비재　■ 헬스케어
■ 방어소비재

**보유주식 TOP10**

상위 10개 주식 종목에 대한 투자비중은 2021.08.02 기준으로 28.05%로 3개월 전(2021.05.03) 대비 1.86%포인트 감소했습니다.

| 순위 | 순위변동 | 종목 | 비중(%) | 순위 | 순위변동 | 종목 | 비중(%) |
|---|---|---|---|---|---|---|---|
| 1 | - | Apple Inc | 5.91 | 6 | ▲1 | Alphabet Inc Class A | 2.00 |
| 2 | - | Microsoft Corp | 5.35 | 7 | ▼3 | Tesla Inc | 1.98 |
| 3 | - | Amazon.com Inc | 4.45 | 8 | - | NVIDIA Corp | 1.78 |
| 4 | ▲1 | Alphabet Inc Class C | 2.19 | 9 | - | PayPal Holdings Inc | 1.25 |
| 5 | ▲1 | Facebook Inc Class A | 2.03 | 10 | new | Adobe Inc | 1.11 |

* 순위 변동은 3개월 전(2021.05.03) 보유주식 TOP10과의 차이 입니다.
* 비중은 펀드 전체자산에서 해당 종목이 차지하는 비중을 말합니다.

출처 : 한국포스증권

보유 비중의 1~10위까지 모두 미국 주식으로 이루어져 있음을 알 수 있습니다. 순위를 보면 미국 주식 시가총액순으로 되어 있는 것과 성장주·기술주 중심으로 되어 있는 것을 봤을 때는 아마도 나스닥지수를 추종하고 있는 펀드인 것 같습니다.

미국 주식은 한국 주식에 비해 변동성이 상대적으로 낮습니다. 왜냐하면, 아무래도 미국이 전 세계 주식 시장 비중의 큰 부분을 차지하고 있기 때문에 투자하는 자금도 많고, 참여하고 있는 투자자들이 많기 때문입니다. 그리고 전 세계적으로 사용되고 있는 화폐가 달러라는 점도 미국 주식이 안정적으로 상승하게 만들어주는 요인이기도 합니다. 따라서 미국 주식으로 된 펀드와 한국 주식으로 된 펀드를 적절히 섞어준다면, 서로 보완해가면서 안정적인 수익을 얻을 수 있습니다.

# 수익률이 좋은 펀드로
# 구성하면 되겠죠?

여전히 펀드를 수익률만 소개하고 선택하게 하는 판매직원이 있습니다. 그 이유는 판매하는 직원조차 상품에 대한 이해도가 떨어지기 때문이죠. 그래서 펀드의 선택이 판매직원에 의해서 결정되는 일은 이미 손실이라고 생각합니다. 펀드도 주식과 다를 것이 없습니다. 단지 집합투자 상품, 즉 개별 종목을 묶어서 판매하는 상품인 것이죠. 그렇다면 수익률이 좋은 펀드로만 구성하면 될까요?

수익률이 좋다는 것은 두 가지의 원인이 있습니다.

• 펀드 구성자산이 분산 투자가 잘되어 있어서
• 펀드 구성자산이 크게 상승한 한 섹터에 집중되어 있어서

## 첫째, 펀드 구성자산이 분산 투자가 잘되어 있어서

펀드 구성자산이 분산 투자가 잘되어 있는 경우에는 꾸준한 수익률을 달성할 수 있습니다. 하지만 이런 펀드를 찾는 것은 쉬운 것은 아닙니다. 왜냐하면, 보통의 펀드는 자산 배분으로 변동성을 줄이고 적당한 수익률을 내기보다는 인기 있는 구성자산으로 변동성이 크지만, 큰 수익률을 추구하는 경우가 많기 때문입니다.

펀드도 증권사나 은행에서 판매되는 상품입니다. 수익률도 추구하지만 펀드 가입에 따라 받는 수익인 보수도 중요합니다. 모든 상품에는 상품을 제공하는 데 따른 수수료를 내게 되어 있습니다. 이것은 매우 당연한 것이며, 운용보수가 높다고 해서 나쁜 펀드, 반대라고 해서 좋은 펀드가 아닙니다. 이 부분은 다음 장에서 좀 더 자세히 이야기해보도록 하겠습니다.

따라서 펀드 구성자산의 분산 투자가 잘 이루어진 펀드를 찾아야 합니다. 펀드는 주식의 개별 종목 투자보다는 장기적인 안목으로 투자하는 경우가 많습니다. 왜냐하면, 연금저축이나 퇴직연금에서 구성하는 경우가 많기 때문입니다. 그래서 펀드 구성자산이 얼마나 분산 투자가 잘되어 있는지 확인해야 합니다. 초보 투자자라서 구성자산의 확인이 어렵게 느껴진다면, 경험이 쌓이기 전까지 지수를 추종하는 펀드나 ETF에 투자하는 것이 좋습니다.

**둘째, 펀드 구성자산이 크게 상승한 한 섹터에 집중되어 있어서**

보통의 펀드는 구성자산이 한 섹터에 집중되어 있습니다.

## 자료 58. 신재생에너지에 투자하는 종목으로 구성된 펀드

**보유주식 TOP10**

상위 10개 주식 종목에 대한 투자비중은 2020.11.02 기준으로 45.63%로 3개월 전(2020.08.03) 대비 7.32%포인트 감소했습니다.

| 순위 | 순위 변동 | 종목 | 비중(%) | 순위 | 순위 변동 | 종목 | 비중(%) |
|---|---|---|---|---|---|---|---|
| 1 | ▲2 | Xinyi Solar Holdings Ltd | 5.73 | 6 | ▼5 | Siemens Gamesa Renewabl… | 4.04 |
| 2 | ▲3 | SolarEdge Technologies Inc | 5.64 | 7 | ▼5 | Vestas Wind Systems A/S | 4.00 |
| 3 | ▲1 | Enphase Energy Inc | 5.46 | 8 | new | Sunrun Inc | 3.95 |
| 4 | ▲4 | Plug Power Inc | 5.31 | 9 | ▼3 | Xinjiang Goldwind Science … | 3.57 |
| 5 | ▲2 | First Solar Inc | 4.71 | 10 | new | 두산퓨얼셀 | 3.22 |

* 순위 변동은 3개월 전(2020.08.03) 보유주식 TOP10과의 차이 입니다.
* 비중은 펀드 전체자산에서 해당 종목이 차지하는 비중을 말합니다.

출처 : 한국포스증권

## 자료 59. 4차 산업에 투자하는 종목으로 구성된 펀드

**보유주식 TOP10**

상위 10개 주식 종목에 대한 투자비중은 2020.11.02 기준으로 51.05%로 3개월 전(2020.08.03) 대비 1.1%포인트 감소했습니다.

| 순위 | 순위 변동 | 종목 | 비중(%) | 순위 | 순위 변동 | 종목 | 비중(%) |
|---|---|---|---|---|---|---|---|
| 1 | - | 삼성전자 | 21.61 | 6 | ▲2 | LG화학 | 2.94 |
| 2 | new | 씨에스윈드 | 4.56 | 7 | new | NAVER | 2.90 |
| 3 | - | 현대차 | 3.96 | 8 | new | 두산밥캣 | 2.45 |
| 4 | ▼2 | 에스티팜 | 3.87 | 9 | new | 이노션 | 2.45 |
| 5 | new | 현대모비스 | 3.87 | 10 | new | 두산퓨얼셀 | 2.44 |

* 순위 변동은 3개월 전(2020.08.03) 보유주식 TOP10과의 차이 입니다.
* 비중은 펀드 전체자산에서 해당 종목이 차지하는 비중을 말합니다.

출처 : 한국포스증권

이렇게 한 섹터에 집중된 종목으로 구성된 펀드는 3개월, 6개월 이내의 수익률이 높다고 해서 투자하게 되면 손실 확률이 높습니다. 왜냐하면, 계속 상승하는 섹터는 없기 때문입니다. 이미 상승한 섹터의 종목으로 구성된 펀드를 매수해서 더 상승을 기대해볼 수도 있지만, 그럴 확률은 매우 낮습니다. 그렇기 때문에 첫 번째에서 이야기한 분산 투자된 구성자산이 중요합니다.

펀드 1개의 상품으로 분산 투자하기에는 쉽지 않기 때문에 한 섹터에 투자된 펀드를 섹터별로 매수해 분산 투자를 해놓는 것이 좋습니다. 그것이 포트폴리오가 되는 것이고, 포트폴리오가 구성되어야 기간을 정하고 리밸런싱(rebalancing)할 수 있습니다.

기억하세요. 펀드도 주식 투자와 다를 것이 없습니다. 펀드를 구성하고 있는 종목의 분석이 이루어져야 하고, 분산 투자해야 합니다. 따라서 수익률이 좋은 펀드를 고르기보다는 분산 투자하도록 포트폴리오를 구성해야 합니다.

# 운용보수가 낮을수록
# 좋은 펀드일까?

펀드를 선택할 때는 많은 조건이 있지만, 그중 하나가 운용보수입니다. 연금이라는 상품은 긴 시간을 투자하는 것이기 때문에 운용보수가 낮을수록 유리한 것은 맞습니다. 하지만 운용보수가 낮다는 것은 말 그대로 운용에 많은 노동력이 들어가지 않아도 된다는 것입니다. 그렇다면, 결국 수익도 낮을 수 있다는 것이겠죠.

가격이 저렴하면서 최고로 좋은 상품은 이 세상에 없습니다. 운용보수가 조금 높더라도 수익을 더 얻을 수 있다면, 저는 그 상품을 선택하겠습니다. 하지만 운용보수가 높다고 수익률이 높은 것도 아니고, 운용보수가 낮다고 수익률이 낮은 것도 아닙니다. 그것에 대한 감시도 상품을 선택한 우리가 해야 할 일입니다.

운용보수 확인하는 방법을 알려드릴게요.

자료 60. 한국포스증권에서 펀드를 검색하면 확인할 수 있는 총보수

| 펀드명 | 운용사 | 평가등급 | 기준가 ≑ | 수익률 ▾ | | | | |
|---|---|---|---|---|---|---|---|---|
| | 규모 | 총보수 | | 1M ≑ | 3M ≑ | 6M ≑ | 1Y ≑ | 3Y ≑ |
| 메리츠 차이나증권투자신탁 [주식] S | 메리츠자산운용 | 1등급 | 1,042.02 ▲ 10.83 (1.05%) | 1.93% | -1.23% | 18.47% | 45.01% | 198.64% |
| 해외주식형   높은위험 | 2,393억 | 연 1.26% | | | | | | |
| 메리츠 차이나증권투자신탁 [주식] S-P | 메리츠자산운용 | 1등급 | 1,042.20 ▲ 10.84 (1.05%) | 1.93% | -1.23% | 18.47% | 45.01% | 198.64% |
| 해외주식형연금  다소높은위험 | 2,393억 | 연 1.18% | | | | | | |
| KTB VIP스타셀렉션증권자투자신탁[주식]S | KTB자산운용 | 1등급 | 2,252.68 ▲ 9.66 (0.43%) | -5.45% | 12.25% | 16.14% | 46.44% | 161.83% |
| 국내주식형   높은위험 | 2,470억 | 연 1.08% | | | | | | |
| KTB VIP스타셀렉션증권자투자신탁[주식]S-P | KTB자산운용 | 1등급 | 2,478.28 ▲ 10.66 (0.43%) | -5.45% | 12.25% | 16.14% | 46.44% | 161.83% |
| 국내주식형연금  다소높은위험 | 2,470억 | 연 0.979% | | | | | | |
| 알파 글로벌신재생에너지증권자투자신탁1호 [주식] S | 알파자산운용 | 1능급 | 933.63 ▲ 13.78 (1.50%) | -4.60% | -5.68% | -7.03% | -0.76% | 149.19% |
| 해외주식형   매우높은위험 | 253억 | 연 1.34% | | | | | | |

출처 : 한국포스증권

포스증권 홈페이지에서 처음 검색되는 상품을 그대로 캡처한 자료입니다. 총보수가 얼마인지 확인할 수 있습니다. 총보수와 수익률의 관계가 앞에서 설명한 것처럼 정확히 맞아떨어지지는 않는다는 것을 알 수 있지만, 그래도 어느 정도는 총보수가 높을수록 수익률도 크다는 것이 맞다는 것도 알 수 있습니다.

한 가지 자료를 더 확인해보겠습니다.

## 자료 61. 총보수가 낮은 순으로 검색했을 때

| 펀드명 | 운용사 | 평가등급 | 기준가 ↓ | 수익률 ▾ | | | | |
| | 규모 | 총보수 | | 1M ↓ | 3M ↓ | 6M ↓ | 1Y ↓ | 3Y ↓ |
|---|---|---|---|---|---|---|---|---|
| 대신 배당주 증권 자투자신탁 제1호[주식I) C-e<br>국내주식형 높은위험 | 대신자산운용<br><br>1억 | 4등급<br><br>연 0.0647% | 1,045.80<br>▾ 2.18<br>(-0.21%) | -6.48% | -4.94% | -4.06% | 28.24% | 26.17% |
| 대신 로보어드바이저자산배분성과보수증권자투자신탁제...<br>국내자산혼합형 보통위험 | 대신자산운용<br><br>26억 | 2등급<br><br>투설직접확인 | 1,184.18<br>▴ 2.04<br>(0.17%) | -2.66% | -3.38% | -1.46% | 12.59% | 25.60% |
| 삼성코리아초단기우량채권자투자1호[채권]S<br>국내채권형 매우낮은위험 | 삼성자산운용<br><br>726억 | 3등급<br><br>연 0.095% | 1,048.53<br>▴ 0.21<br>(0.02%) | 0.02% | 0.11% | 0.25% | 0.72% | 4.43% |
| 우리다같이법인MMF1호(국공채)S<br>국내MMF 매우낮은위험 | 우리자산운용<br><br>1,908억 | -<br><br>연 0.1% | 1,000.00<br>0.00<br>(0.00%) | | | - | - | - |
| 한화단기국공채증권 자투자신탁(채권)A-E<br>국내채권형 매우낮은위험 | 한화자산운용<br><br>3,236억 | 4등급<br><br>연 0.102% | 1,009.82<br>▴ 0.14<br>(0.01%) | 0.07% | 0.13% | 0.26% | 0.70% | 4.09% |

출처 : 한국포스증권

총보수가 매우 낮은 펀드들입니다. 각 펀드가 어떤 펀드인지는 포트폴리오의 비중을 확인해봐야 알겠지만, 운용보수가 낮다면 수익률도 높지 않음을 알 수 있습니다.

총보수가 높다면 그에 따른 책임도 크기 때문에 보통 수익률도 꽤 높습니다. 하지만 이것은 어디까지나 펀드를 선택할 때의 첫인상과도 같기 때문에 운용보수의 높낮이에 따라 수익률을 기대하는 것은 무리가 있습니다. 반드시 체크해야 할 항목 중의 하나인 것입니다. 무조건 운용보수가 낮은 상품으로만 구성하는 것을 피하고 적절히 배분해야 합니다.

## 자료 62. 총보수가 높은 순으로 검색했을 때

| | | | | | | | | | |
|---|---|---|---|---|---|---|---|---|---|
| 한화 이머징국공채증권투자신탁 (채권-재간접형) UC-E | 한화자산운용 | 4등급 | 1,178.22 ▲ 4.86 (0.41%) | -2.71% | -1.26% | 1.05% | 3.30% | 10.25% |
| 해외채권형 다소높은위험 | 52억 | 투설직접확인 | | | | | | |
| 삼성 당신을위한신연금이머징다이나믹증권전환형자투자... | 삼성자산운용 | 1등급 | 1,656.81 ▲ 25.48 (1.56%) | 0.81% | -4.63% | 3.64% | 23.61% | 92.38% |
| 해외주식형연금 다소높은위험 | 22억 | 연 1.67% | | | | | | |
| 한국투자 미국MLP특별자산자투자신탁 (오일가스인프라... | 한국투자신탁운용 | 4등급 | 618.61 ▲ 10.18 (1.67%) | 9.09% | 6.25% | 20.65% | 67.90% | -18.13% |
| 해외특별자산 매우높은위험 | 144억 | 투설직접확인 | | | | | | |
| 한화 글로벌전환사채증권투자신탁 (채권혼합-재간접형)... | 한화자산운용 | - | 1,427.73 ▲ 20.78 (1.48%) | -2.33% | 1.09% | 2.54% | 13.84% | 41.24% |
| 해외특별자산 다소높은위험 | 51억 | 투설직접확인 | | | | | | |
| 한화 한국 오퍼튜니티 증권투자신탁(주식) UC-E | 한화자산운용 | 2등급 | 1,255.41 ▼ 1.38 (-0.11%) | -3.68% | -5.71% | -4.20% | 29.14% | 55.38% |
| 국내주식형 높은위험 | 1,376억 | 연 1.792% | | | | | | |
| 미래에셋 인사이트증권자투자신탁1호 (주식혼한 C | 미래에셋자산운용 | 1등급 | 2,220.01 | | | | | |

출처 : 한국포스증권

# 3장

## TDF

# TDF가 무엇인가요?

TDF를 알아보려면, 먼저 401K에 대해서 알아야 합니다.

401K는 미국 근로자들의 퇴직연금 제도입니다. 매달 일정액의 퇴직금을 회사가 근로자의 계좌로 넣어주면, 근로자가 이를 운용합니다. 우리나라 퇴직연금 중 DC(확정기여형 퇴직연금)와 같은 방식이라고 할 수 있습니다.

미국도 1980년대에는 회사가 운용을 책임지는 DB(확정급여형 퇴직연금)형이 주를 이루다가 1990년대부터 DC형이 활성화되었고, 2009년 오바마 정부가 401K 자동가입제를 도입한 이후 규모가 커졌습니다. 401K 제도의 장점은 '세금공제'와 '매칭'에 있습니다. 납입액과 수익에 대해서 세금공제를 받을 수 있고, 매달 근로자가 적립하는 금액의 일정 비율을 매칭자금으로 지원해줍니다. 따라서, 401K 제도를 통해서 많은 자금이 주식, 채권, 예금 등등으로 흘러가게 됩니다.

그러면 TDF는 무엇일까요?

**TDF(Target Date Fund)**

투자자의 은퇴 시점을 목표 시점(Target Date)으로 해서 생애주기에 따라 펀드가 포트폴리오를 알아서 조정하는 자산 배분 펀드

---

**자료 63. TDF**

한번 펀드 상품을 선택하면 전 생애주기에 걸쳐 적극적인 투자에서 안정적인 투자로 리밸런싱합니다. TDF는 연금 투자가 활성화된 금융 선진국 미국에서 2000년대 이후 가장 각광받는 은퇴 준비 상품이기도 합니다.

| 생애주기 반영 | 글로벌 자산 배분 | 주기적 리밸런싱 |
|---|---|---|
| 투자자가 나이 들어감에 따라 보유 자산의 형태와 구성도 달라지므로, 생애주기에 따라 자산 관리에도 변화를 주어야 합니다. | 연금 투자는 초장기 투자이므로 다양한 지역과 자산에 분산 투자해서 불확실성을 관리하면서도 추가 수익을 창출할 수 있어야 합니다. | 모든 투자자가 투자 전문가일 수 없고, 개인의 일상이 바쁘기 때문에 펀드가 알아서 주기적으로 투자 포트폴리오를 조정할 수 있어야 합니다. |

출처 · 삼성자산운용

'주식을 하든 채권을 하든, 뭘 알아야 하지?'라고 생각하는 가입자들에게 답이 될 수 있는 것이 바로 TDF입니다. 위의 자료에 나와 있는 세 가지를 내가 직접 운용하며, 자산 배분, 리밸런싱을 하기는 불가능하다고 보면 됩니다. 물론 직접 하게 되면, 더 많은 수익을 얻을 수도 있겠죠. 하지만 손실을 입을 수도 있다는 것을 간과해서는 안 됩니다. 그리고 글로벌 분산 투자가 거의 완벽하게 되어 있습니다.

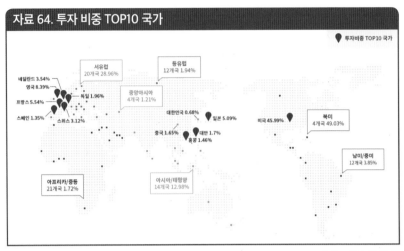

리밸런싱도 생애주기에 맞춰서 잘해줍니다. 그러면 TDF에 넣어두고 신경 안 써도 될까요? 아닙니다. TDF도 상품입니다. 펀드 상품이죠. 펀드 감시하듯이 감시를 해야 합니다. 내 자산을 지키는 일은 계속 관심을 갖고 신경을 쓰는 것입니다.

하지만 TDF는 6개월 또는 1년에 한 번 확인해봐도 됩니다. 왜냐하면, 한국에 출시된 TDF 상품 중 직접 운용하는 상품은 미래에셋자산운용의 상품밖에 없습니다. 모두 미국의 자산운용회사 상품에 위탁하고 있습니다. 오히려 미국의 상품에 위탁하는 것이 안전합니다. 이미 엄청난 수탁고를 올리고 있고, 그 TDF 상품에 문제가 생긴다면 미국 가입자의 노후 자금에 문제가 생기기 때문입니다. 2019년 기준 401K의 규모는 5조 달러 이상, 그중 TDF의 비중은 20%나 됩니다.

# 1년에 한 번만
# 신경 써도 되는 TDF

많은 분들이 투자를 어려워하는 이유는 신경을 많이 써야 한다는 것입니다. 하지만 전문 투자자가 아닌 이상 투자 자산을 매시간, 매일 체크하는 일은 매우 피곤한 일이고, 비생산적인 일입니다. 주식 투자를 시작한 사람들이 오전 9시부터 오후 3시 30분까지 주식 창만 바라보고 있는 것을 본 적이 있습니다. 물론 처음 시작한 투자금이 어떻게 변해가는지 궁금한 것은 이해가 가지만, 조마다 변해가는 주식 가격을 보고 있는 것은 결코 좋은 행동이 아닙니다.

왜냐하면, 내가 주식 가격을 보고 있다고 해서 상승하거나 하락하는 것은 아니기 때문입니다. 주식 투자는 타이밍의 예술이 아닙니다. 주식 가격이 상승할 때 팔고, 하락할 때 사는 행위를 '마켓타이밍'이라고 합니다. 마켓타이밍이 중요한 사람은 초를 다투고 사고파는 트레이더밖에 없습니다. 생업이 따로 있는 우리는 주식 가격보다 지금 해야 할 일에 더 신경을 쓰는 것이 훨씬 더 생산적인 일이 될 것입니다.

그런 면에서 TDF는 매우 훌륭한 상품입니다. 왜냐하면, 알아서 자산배분까지 해주기 때문입니다. 따라서 TDF에 투자해놓았다면 최소 6개월, 최대 1년 정도는 크게 신경 쓰지 않아도 됩니다. 흔히 말하는 묻어두는 투자가 가능하다는 것입니다.

가입자가 예상 은퇴 시기에 맞춰 목표 시점을 선택하면 펀드가 알아서 자산 비중을 조절해준다. 이때 자산 비중 조절은 펀드에서 미리 정한 경로를 따라 투자 기간 초기에는 주식 비중을 높게 유지하다가 목표 일이 다가올수록 낮춰가는 방식으로 진행된다. 이렇게 시간의 흐름에 따라 주식 비중을 차츰 낮춰가는 자산 배분 곡선이 비행기가 착륙하는 경로를 닮았다고 해서 글라이드 패스(glide path)라고 한다.

출처:미래에셋자산운용

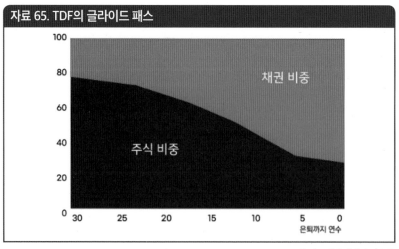

자료 65. TDF의 글라이드 패스

출처 : 미래에셋자산운용

자료 65처럼 은퇴까지의 자산 배분을 자동으로 해줍니다. 따라서 우리가 감시해야 할 부분은 '가입된 상품의 자산운용사가 잘 운용하고 있는지'입니다. 이것을 매일 하거나 매주 할 필요는 없죠. 6개월 또는 1년에 한 번이면 충분합니다. 이렇게 편한 투자가 가능하기 때문에 운용보수는 높고, 수익률은 상대적으로 낮습니다. 하지만 연금 상품은 매우 장기간 운용되는 상품이기 때문에 높은 수익률이 아니어도 복리로 계산이 된다고 생각하면 충분히 투자할 만한 가치가 있습니다.

# 운용사별 TDF,
# 한 번에 정리

 

 

우리나라에 TDF가 소개된 지 얼마 되지 않았고, 미국에서 TDF의 가입이 활발하다 보니 자체 운용을 하기보다는 해외 운용사에 위탁을 맡기는 경우가 많습니다. 이것 또한 장단점이 될 수 있습니다.

장점은 글로벌 주식의 큰 비중을 차지하고 있는 미국 주식을 가장 잘 알고, 수탁고도 높은 미국의 운용사에서 운용하고 있기 때문에 매우 안정적인 수익을 가져갈 수 있다는 것입니다. 단점은 그렇기 때문에 운용 보수가 상대적으로 높고, 투자되고 있는 개별 종목에 대해서 자세히 알기 힘들다는 것입니다.

장단점을 잘 고려해서 투자하면 될 것입니다.

## 자료 66. 한국포스증권에서 검색한 TDF

| 펀드명 | 운용사 | 평가등급 | 기준가 ≑ | 수익률 ▾ | | | | |
|---|---|---|---|---|---|---|---|---|
| | 규모 | 총보수 | | 1M ≑ | 3M ≑ | 6M ≑ | 1Y ≑ | 3Y ≑ |
| 삼성 한국형TDF2040증권투자신탁H [주식혼합-재간접형]... | 삼성자산운용 | 3등급 | 1,552.20 ▼ 2.12 (-0.14%) | -3.02% | -1.44% | 2.59% | 14.24% | 34.50% |
| 해외기타연금  보통위험 | 3,047억 | 투설직접확인 | | | | | | |
| 미래에셋 전략배분TDF2040혼합자산자투자신탁C-Pe | 미래에셋자산운용 | 1등급 | 1,549.19 ▼ 3.77 (-0.24%) | -1.97% | -0.66% | 2.53% | 17.13% | 47.07% |
| 해외기타연금  보통위험 | 2,711억 | 연 0.71% | | | | | | |
| 한국투자 TDF알아서2040증권투자신탁(주식혼합-재간접... | 한국투자신탁운용 | 2등급 | 1,527.78 ▼ 13.62 (-0.88%) | -3.55% | -1.54% | 1.33% | 15.50% | 39.70% |
| 해외기타연금  다소높은위험 | 1,710억 | 투설직접확인 | | | | | | |
| KB 온국민TDF2040증권투자신탁(주식혼합-재간접형) S-P | KB자산운용 | 4등급 | 1,307.24 ▼ 0.36 (-0.03%) | -2.73% | -2.30% | 0.81% | 13.68% | 30.82% |
| 해외기타연금  보통위험 | 1,196억 | 투설직접확인 | | | | | | |
| 신한마음편한TDF2040증권투자신탁[주식혼합-재간접형](... | 신한자산운용 | 3등급 | 1,272.30 ▼ 2.90 (-0.23%) | -1.91% | -0.29% | 4.20% | 17.08% | 37.64% |
| 해외기타연금  다소높은위험 | 650억 | 투설직접확인 | | | | | | |
| 키움 키워드림TDF2040증권투자신탁제1호 [주식혼합-재간접형]... | 키움투자자산운용 | 2등급 | 1,318.93 ▼ 2.82 (-0.21%) | -2.44% | -1.39% | 1.99% | 19.96% | 37.83% |
| 해외기타연금  보통위험 | 323억 | 투설직접확인 | | | | | | |
| 한화 LifePlusTDF2040증권투자신탁(혼합-재간접형)S-P | 한화자산운용 | - | 1,395.34 ▼ 10.01 (-0.71%) | -2.42% | -0.27% | 4.07% | 20.13% | |
| 해외기타연금  다소높은위험 | 189억 | 투설직접확인 | | | | | | |
| NH-Amundi 하나로 TDF 2040 증권투자신탁[주식혼합-재... | NH-Amundi자산운용 | - | 1,236.76 ▼ 3.58 (-0.29%) | -1.66% | 0.05% | 4.44% | 15.60% | |
| 해외기타연금  보통위험 | 93억 | 투설직접확인 | | | | | | |
| 교보악사 평생든든TDF 2040증권투자신탁(혼합-재간접형... | 교보악사자산운용 | - | 1,148.27 ▼ 0.98 (-0.09%) | | | | | |
| 해외기타연금  다소높은위험 | 86억 | 투설직접확인 | | | | | | |
| 메리츠프리덤TDF2040증권자투자신탁[주식혼합-재간접형... | 메리츠자산운용 | - | 1,183.71 ▼ 1.38 (-0.12%) | -1.84% | -1.99% | 2.87% | | |
| 해외기타연금  다소높은위험 | 82억 | 투설직접확인 | | | | | | |
| 우리다같이TDF2040증권투자신탁(혼합-재간접형)ClassS-... | 우리자산운용 | - | 1,166.20 ▼ 0.02 (0.00%) | -2.32% | -0.97% | 3.27% | 14.94% | |
| 해외기타연금  다소높은위험 | 62억 | 투설직접확인 | | | | | | |

출처 : 한국포스증권

## 자료 67. 운용사별 위탁 현황

| 미래에셋 | 자체 운용 |
|---|---|
| 삼성 | 캐피털그룹 |
| 한국투자 | 티로프라이스 |
| KB | 뱅가드 |
| 신한 | BNP파리바 |
| 키움 | SSGA |
| 메리츠 | 자체운용 |
| 한화 | JP모건 |
| NH | 웰스파고 |
| 교보 | AXA |
| 우리 | 블랙록 |

출처 : 저자 작성

# TDF도 운용사별로
# 분산 투자 해야 하나요?

"TDF는 운용사별로 분산 투자할 필요가 없습니다."

운용사별로 TDF를 구성하고 있는 주식 종목이 다를 수 있고, 주식과 채권 등 구성 요소가 다를 수 있습니다. 하지만 운용사별로 분산 투자 하는 것은 큰 의미가 없습니다. 왜냐하면, TDF라는 상품의 강력한 기 능은 글로벌 분산 투자와 리밸런싱이기 때문입니다.

글로벌 분산 투자를 하려면 미국 주식의 비중이 높을 수밖에 없고, 리밸런싱을 하기 위해서는 국채, 회사채, 금, 원자재 등 서로 연관성이 낮은 자산을 편입해야 합니다. 거의 모든 운용사의 TDF 자산군이 비슷 하게 될 수밖에 없습니다.

미국 주식에 투자하기 위해서는 S&P500이나 나스닥 또는 다우지수를 추종하게 될 것이고, 그것이 가장 큰 비중을 차지하게 됩니다.

## 자료 68. 미래에셋 자산 배분 TDF 포트폴리오 예시

[예시] 은퇴까지 30년 투자 시 평균 운용보수 @ 0.23% 수준

| | ETF명 | 통화 | 비용(%) |
|---|---|---|---|
| 주식 | Vanguard US Growth | 미국달러 | 0.060 |
| 채권 | iShares 1-3 Year UST | 미국달러 | 0.150 |
| 원자재 | SPDR Gold | 미국달러 | 0.400 |
| 부동산 | 미래에셋 TIGER US REITs | 미국달러 | 0.25 |

출처 : 미래에셋자산운용

## 자료 69. 미래에셋 자산 배분 TDF 자산별 투자 비중

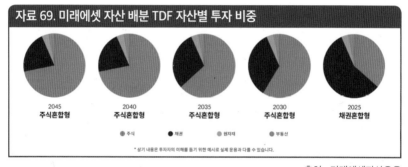

| 2045 | 2040 | 2035 | 2030 | 2025 |
|---|---|---|---|---|
| 주식혼합형 | 주식혼합형 | 주식혼합형 | 주식혼합형 | 채권혼합형 |

● 주식  ● 채권  ● 원자재  ● 부동산

* 상기 내용은 투자자의 이해를 돕기 위한 예시로 실제 운용과 다를 수 있습니다.

출처 : 미래에셋자산운용

## 자료 70. KB 온국민 TDF 2030 자산 구성

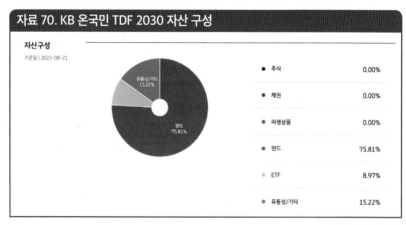

자산구성
기준일 | 2022-08-21

유동성/기타 15.22%
펀드 75.81%

| | |
|---|---|
| ● 주식 | 0.00% |
| ● 채권 | 0.00% |
| ● 파생상품 | 0.00% |
| ● 펀드 | 75.81% |
| ● ETF | 8.97% |
| ● 유동성/기타 | 15.22% |

출처 : KB자산운용

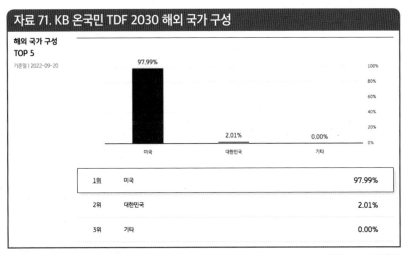

자료 71. KB 온국민 TDF 2030 해외 국가 구성

**해외 국가 구성**
**TOP 5**
기준일 | 2022-09-20

| 1위 | 미국 | 97.99% |
| 2위 | 대한민국 | 2.01% |
| 3위 | 기타 | 0.00% |

출처 : KB자산운용

　자료 70과 지료 71을 통해 각 자산군의 비중이 적절하게 분산되어 있지만, 주식 자산에서 차지하는 미국 주식의 비중이 월등히 크다는 것을 알 수 있습니다. 따라서 자산운용사별로 TDF를 가입해서 분산하는 것은 자산 배분과 분산 투자의 의미에서는 큰 이득이 없습니다.

# 4장

## ETF

# ETF도 펀드인가요?

**ETF(Exchange Traded Fund)**

ETF는 말 그대로, 인덱스펀드를 거래소에 상장시켜 투자자들이 주식처럼 편리하게 거래할 수 있도록 만든 상품이다. 투자자들이 개별 주식을 고르는 데 수고를 하지 않아도 되는 펀드 투자의 장점과, 언제든지 시장에서 원하는 가격에 매매할 수 있는 주식 투자의 장점을 모두 가지고 있는 상품으로, 인덱스펀드와 주식을 합쳐놓은 것이라고 생각하면 된다. 최근에는 시장 지수를 추종하는 ETF 외에도 배당주나 가치주 등 다양한 스타일을 추종하는 ETF들이 상장되어 인기를 얻고 있다.

※ 인덱스펀드 : 일반 주식형 펀드와 달리 KOSPI 200과 같은 시장 지수의 수익률을 그대로 좇아가도록 구성한 펀드

출처 : ETF(시사경제용어사전, 2017. 11., 기획재정부)

ETF는 펀드를 주식 시장에서 거래할 수 있게 해준 매우 훌륭한 발명품입니다. ETF라는 상품이 세상에 나오면서 일반 투자자들이 포트폴리오를 구성하기 매우 편리해졌습니다. 왜냐하면, ETF가 세상에 나

오기 전에는 지수로 구성된 상품을 포트폴리오에 넣으려면 펀드로 매수해야 했기 때문입니다. 펀드는 많은 개별 종목을 한데 묶어 상품으로 만든 것이지만, 매수에도 시간이 걸리고 매도에도 시간이 걸립니다.

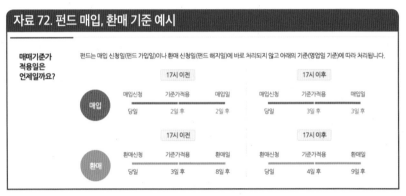

투자 상품을 현금화하는 데에 시간이 걸리기 때문에 시장의 변화에 빠르게 대응하지 못한다는 단점이 있었습니다. 하지만 ETF가 세상에 나오면서 그런 단점이 사라지게 되었습니다. ETF는 주식 시장에서 주식처럼 거래할 수 있습니다. 물론 주식처럼 매도 후에 현금화하기까지 D+2, 2영업일이라는 시간이 소요되기는 합니다.

ETF도 결국엔 펀드입니다. 따라서 펀드의 성질을 알지 못하면 ETF 투자도 개별 주식의 묻지 마 투자처럼 될 가능성이 큽니다. 펀드는 여러 개의 주식 종목을 한 번에 묶어놓은 상품입니다. 그렇기 때문에 상품 안에 있는 종목을 잘 볼 수 있어야 하고, 실제 종목과 ETF 간의 가격 차이도 신경을 써야 합니다.

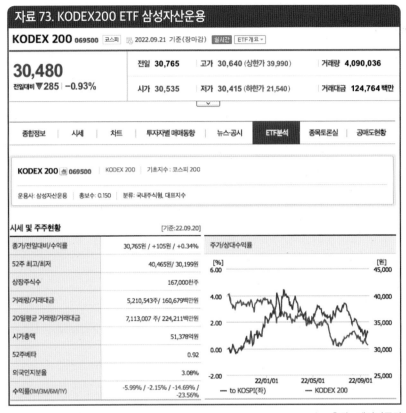

자료 73. KODEX200 ETF 삼성자산운용

**KODEX 200** 069500 코스피 2022.09.21 기준(장마감) 실시간 ETF개요▾

**30,480**
전일대비 ▼285 -0.93%

| 전일 30,765 | 고가 30,640 (상한가 39,990) | 거래량 4,090,036 |
| 시가 30,535 | 저가 30,415 (하한가 21,540) | 거래대금 124,764 백만 |

종합정보 | 시세 | 차트 | 투자자별 매매동향 | 뉴스공시 | **ETF분석** | 종목토론실 | 공매도현황

**KODEX 200** 069500 | KODEX 200 | 기초지수 : 코스피 200

운용사 : 삼성자산운용 | 총보수 : 0.150 | 분류 : 국내주식형, 대표지수

**시세 및 주주현황** [기준:22.09.20]

| 종가/전일대비/수익률 | 30,765원 / +105원 / +0.34% |
| 52주 최고/최저 | 40,465원/ 30,199원 |
| 상장주식수 | 167,000천주 |
| 거래량/거래대금 | 5,210,543주 / 160,679백만원 |
| 20일평균 거래량/거래대금 | 7,113,007 주 / 224,211백만원 |
| 시가총액 | 51,378억원 |
| 52주베타 | 0.92 |
| 외국인지분율 | 3.08% |
| 수익률(1M/3M/6M/1Y) | -5.99% / -2.15% / -14.69% / -23.56% |

주가/상대수익률

출처 : 네이버증권

KODEX200은 삼성자산운용사의 KOSPI200 지수를 추종하는 ETF 입니다.

### 자료 74. KODEX200 기본 정보

**기본정보**

* 기준일 : 2022.09.20

| 순자산 총액 | 50,423억원 | 사무수탁사 | KSD (한국예탁결제원) |
|---|---|---|---|
| 상장일 | 2002.10.14 | 수탁은행 | 홍콩상하이은행(HSBC) 서울지점 |
| 총보수 | 연 0.150%<br>(지정참가회사 : 0.005%, 집합투자 : 0.120%, 신탁 : 0.010%,<br>일반사무 : 0.015%) | 설정단위 | 50,000 좌 |
| 분배금 지급 | 지급<br>(최대 연 5회, 지급 기준일 : 1월, 4월, 7월, 10월 마지막 영업일<br>및 회계기간 종료일. 영업일이 아닌 경우 그 직전 영업일)<br>최근 3년 분배금 지급현황 ˃ | 최소거래단위 | 1주 |

1. 순자산 총액은 2022년 9월 20일을 기준으로 ETF를 매수한 총액을 말합니다.

2. 사무수탁사는 KSD(한국예탁결제원)입니다.

3. 상장일은 2002년 10월 14일에 처음 판매되었다는 것입니다.

4. 수탁은행은 ETF를 보관하고 있는 곳을 말합니다.

5. 총보수는 ETF에 들어가는 비용이라고 보면 됩니다. 보통 1년을 기준으로 책정되고, 이미 ETF 가격에 포함되어 있기 때문에 따로 신경 써서 납부하거나 하는 일은 없습니다.

6. 설정 단위는 ETF가 펀드이기 때문에 좌수로 표기합니다(주식의 1주와 비슷한 개념으로 생각하시면 됩니다).

7. 분배금 지급은 주식의 배당금같이 ETF를 보유하고 있으면, 지정된 날짜에 분배금이 지급된다는 것입니다.

출처 : 네이버증권

순자산가치(NAV)란, ETF가 보유한 주식, 현금, 배당, 이자 능의 모든
자산에서 보수와 비용, 부채를 제외한 순자산 금액을 총주식수로 나눈
값입니다.

$$NAV = Net\ Asset\ Value$$

쉽게 말해서, ETF가 현재 시점에 가지는 진짜 가치를 나타내는 것이

라고 할 수 있습니다.

자료 75를 보면, 9월 20일 순자산가치(30,849.38원)가 ETF종가(30,765원)보다 크기 때문에 괴리율이 −0.27%인 것을 알 수 있습니다. 괴리율이 음수라는 것은 순자산가치보다 ETF의 가격이 낮게 거래되고 있다는 것을 나타냅니다. NAV값은 구성 종목의 전날 종가를 가지고 산출합니다. 따라서 실시간으로 거래되며 가격이 형성되는 ETF가격과 괴리율을 계산해서 매수, 매도의 기준으로 삼는다면 정확하지 않은 정보가 기준이 될 수 있습니다. 그래서 NAV값을 보완해서 10초에 한 번씩 산정하는 iNAV값도 표시하는 경우도 있지만, 이 역시도 참고할 뿐 매수, 매도의 기준이 되어서는 안 된다고 생각합니다.

구성 종목을 보면 KOSPI200을 추종하는 ETF답게 KOSPI200의 각 종목의 시가총액 비중을 그대로 따르고 있음을 알 수 있습니다.

# 한국 주식으로
# 이루어진 ETF

ETF를 생각하면 가장 많이 떠올리는 상품은 한국 주식에 상장된 종목을 가지고 만든 지수를 추종하는 것입니다. 각 운용사마다 ETF 상품에는 운용사를 상징하는 라벨 같은 것이 있습니다.

1. 삼성자산운용 KODEX

2. 미래에셋자산운용 TIGER

3. KB자산운용 KBSTAR

4. 한화자산운용 ARIRANG

5. NH아문디자산운용 HANARO

6. 한국투자신탁운용 KINDEX

7. 키움투자자산운용 KOSEF

| 구분 | KODEX 200 | TIGER 200 | KBSTAR 200 | ARIRANG 200 | HANARO 200 | KINDEX 200 | KOSEF 200 |
|---|---|---|---|---|---|---|---|
| 운영사 | 삼성자산운용 | 미래에셋 자산운용 | 케이비 자산운용 | 한화자산운용 | NH아문디 자산운용 | 한국투자 신탁운용 | 키움투자 자산운용 |
| 최초설정일 | '02.10.11 | '08.4.2 | '11.10.19 | '12.1.9 | '18.3.29 | '08.9.24 | '02.10.11 |
| 시가총액 (억 원) | 52,672 | 19,854 | 10,722 | 6,147 | 6,074 | 5,115 | 3,433 |
| 수수료율 | 0.15% | 0.05% | 0.017% | 0.04% | 0.036% | 0.09% | 0.13% |
| 최근 3년 연평균 순익률 | 3.86% | 3.82% | 3.92% | 4.13% | 3.79% | 3.83% | 3.76% |
| 연평균 수익률 | 22.7% | 5.0% | 4.8% | 5.3% | 1.6% | 6.9% | 21.6% |
| 상장일 시가 | 5,436 | 17,855 | 20,006 | 20,163 | 29,013 | 15,493 | 5,673 |
| 22.9.5 종가 | 31,325 | 31,365 | 31,445 | 31,850 | 31,395 | 31,480 | 31,360 |
| NAV괴리율 | -0.05% | -0.02% | -0.11% | -0.09% | -0.07% | -0.04% | -0.02% |

출처 : 저자 가공

| 전체 | 국내 시장지수 | 국내 업종/테마 | 국내 파생 | 해외 주식 | 원자재 | 채권 | 기타 |
|---|---|---|---|---|---|---|---|

| 종목명 | 현재가 | 전일비 | 등락률 | NAV | 3개월수익률 | 거래량 | 거래대금(백만) | 시가총액(억) |
|---|---|---|---|---|---|---|---|---|
| KODEX 코스닥150 | 10,495 | ▼ 105 | -0.99% | 10,584 | -2.93% | 5,078,482 | 53,298 | 4,303 |
| KODEX 200 | 30,480 | ▼ 285 | -0.93% | 30,562 | -2.15% | 4,090,036 | 124,764 | 49,820 |
| TIGER 200 | 30,505 | ▼ 275 | -0.89% | 30,579 | -2.21% | 1,206,671 | 36,806 | 20,469 |
| KODEX MSCI Korea TR | 9,950 | ▼ 105 | -1.04% | 9,952 | -1.57% | 548,899 | 5,459 | 5,602 |
| KINDEX 200 | 30,650 | ▼ 280 | -0.91% | 30,710 | -1.95% | 259,974 | 7,965 | 5,042 |
| TIGER 코스피 | 24,170 | ▼ 165 | -0.68% | 24,189 | -1.02% | 245,526 | 5,938 | 1,148 |
| SOL 200TR | 10,600 | ▼ 80 | -0.75% | 10,612 | -2.15% | 244,149 | 2,588 | 1,542 |
| KODEX 200TR | 10,170 | ▼ 85 | -0.83% | 10,202 | -2.33% | 194,599 | 1,982 | 10,709 |
| ARIRANG 200 | 30,995 | ▼ 295 | -0.94% | 31,084 | -2.11% | 161,425 | 4,999 | 5,982 |
| KOSEF 코스피100 | 22,950 | ▼ 225 | -0.97% | 22,938 | -2.11% | 106,385 | 2,432 | 138 |
| TIGER 코스닥150 | 10,780 | ▼ 110 | -1.01% | 10,855 | -2.68% | 88,127 | 947 | 1,376 |
| UNICORN R&D 액티브 | 9,910 | ▼ 100 | -1.00% | 9,917 | N/A | 79,965 | 792 | 69 |
| KODEX 코스피 | 23,840 | ▼ 210 | -0.87% | 23,845 | -0.58% | 74,797 | 1,782 | 4,124 |
| KBSTAR 200 | 30,615 | ▼ 290 | -0.94% | 30,698 | -2.03% | 49,301 | 1,510 | 10,715 |
| KBSTAR 코스피 | 24,010 | ▼ 165 | -0.68% | 24,013 | -0.90% | 36,481 | 876 | 1,645 |
| KOSEF 200 | 30,510 | ▼ 295 | -0.96% | 30,581 | -2.08% | 10,943 | 333 | 3,402 |
| KINDEX 200 | 23,965 | ▼ 175 | -0.72% | 23,937 | -0.70% | 10,257 | 245 | 84 |
| KBSTAR KRX300 | 14,305 | ▼ 125 | -0.87% | 14,347 | -2.37% | 10,023 | 143 | 93 |
| TIMEFOLIO Kstock액티브 | 8,000 | ▼ 75 | -0.93% | 8,024 | -2.30% | 7,138 | 57 | 384 |
| KOSEF 200TR | 36,960 | ▼ 395 | -1.06% | 37,083 | -2.07% | 6,310 | 233 | 5,027 |

출처 : 네이버증권

지수를 추종하는 ETF 상품에도 여러 종류가 있습니다.

그리고 지수 외에 여러 종류의 주제를 가진 ETF 상품도 많이 출시되고 있습니다.

그중 한 가지 ETF를 살펴보겠습니다.

자료 79. TIGER 화장품 ETF

1. TIGER라는 라벨은 미래에셋자산운용의 상품이라는 것을 나타냅니다.
2. 화장품은 구성 종목이 화장품에 관련된 주식으로 되어 있음을 알 수 있습니다.

자료 80. TIGER 화장품 ETF 상품 개요

3. 기초지수는 WISE 화장품 지수를 참고해서 구성 종목을 만들었다는 것입니다.
4. 총보수, 분배금 등을 확인할 수 있습니다.

한국 주식만으로 구성된 ETF 상품에도 매우 좋은 상품들이 많이 있습니다. 그리고 ETF로 매우 쉽게 포트폴리오를 구성할 수 있다는 것도 큰 장점입니다. 펀드나 ETF가 아니었다면, 지수를 추종하거나 한 가지 테마로 엄청나게 많은 종목을 포트폴리오에 담아야 했습니다. ETF를 잘 활용해봅시다.

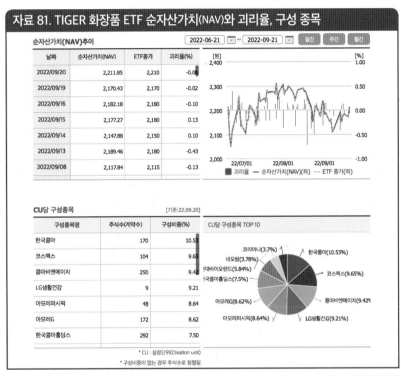

자료 81. TIGER 화장품 ETF 순자산가치(NAV)와 괴리율, 구성 종목

출처 : 네이버증권

5. 순자산가치와 괴리율, 구성 종목을 확인합니다.

# 해외 주식으로
# 이루어진 ETF

## 자료 82. 해외 주식으로 구성된 ETF

| 전체 | 국내 시장지수 | 국내 업종/테마 | 국내 파생 | 해외 주식 | 원자재 | 채권 | 기타 |
|---|---|---|---|---|---|---|---|

| 종목명 | 현재가 | 전일비 | 등락률 | NAV | 3개월수익률 | 거래량 | 거래대금(백만) | 시가총액(억) |
|---|---|---|---|---|---|---|---|---|
| TIGER 차이나전기차SOLACTIVE | 14,295 | ▲ 15 | +0.11% | 14,355 | -14.77% | 1,464,808 | 20,765 | 34,497 |
| TIGER 미국나스닥100 | 72,610 | ▼ 1,260 | -1.71% | 73,326 | +11.86% | 73,697 | 5,343 | 21,173 |
| TIGER 미국S&P500 | 13,300 | ▼ 195 | -1.44% | 13,404 | +11.82% | 362,861 | 4,819 | 18,228 |
| TIGER 미국필라델피아반도체⋯ | 9,400 | ▼ 120 | -1.26% | 9,512 | +4.88% | 625,702 | 5,877 | 14,105 |
| TIGER 미국테크TOP10 INDXX | 10,615 | ▼ 265 | -2.44% | 10,730 | +12.11% | 520,180 | 5,515 | 14,086 |
| TIGER 글로벌리튬&2차전지S⋯ | 11,440 | ▼ 90 | -0.78% | 11,516 | +9.19% | 91,749 | 1,048 | 6,603 |
| KODEX 미국S&P500TR | 11,765 | ▼ 185 | -1.55% | 11,867 | +12.00% | 103,822 | 1,220 | 5,124 |
| KINDEX 미국S&P500 | 13,425 | ▼ 195 | -1.43% | 13,531 | +11.84% | 51,627 | 692 | 5,102 |
| KODEX 선진국MSCI World | 20,010 | ▼ 380 | -1.86% | 20,219 | +9.10% | 3,114 | 62 | 4,742 |
| KINDEX 미국나스닥100 | 12,480 | ▼ 210 | -1.65% | 12,599 | +11.85% | 61,594 | 767 | 4,118 |
| KODEX 미국나스닥100TR | 10,705 | ▼ 185 | -1.70% | 10,810 | +11.86% | 128,344 | 1,371 | 3,747 |
| TIGER 미국S&P500선물(H) | 44,070 | ▼ 1,105 | -2.45% | 44,070 | +3.40% | 30,583 | 1,347 | 3,735 |
| KODEX 미국FANG플러스(H) | 19,045 | ▼ 595 | -3.03% | 19,134 | +2.03% | 43,349 | 823 | 3,725 |
| TIGER 일본니케이225 | 15,470 | ▼ 145 | -0.93% | 15,474 | +4.80% | 762 | 11 | 3,394 |
| TIGER 차이나항셍테크 | 5,695 | ▼ 115 | -1.98% | 5,683 | -13.35% | 286,784 | 1,622 | 3,317 |
| TIGER 글로벌자율주행&전기⋯ | 10,185 | ▼ 245 | -2.35% | 10,331 | +11.91% | 38,370 | 391 | 2,412 |
| KBSTAR 미국나스닥100 | 12,095 | ▼ 215 | -1.75% | 12,216 | +11.85% | 25,048 | 302 | 2,310 |
| TIGER 차이나과창판STAR50⋯ | 7,780 | ▲ 40 | +0.52% | 7,919 | -7.19% | 6,803 | 52 | 2,128 |
| KBSTAR 미국S&P500 | 11,610 | ▼ 180 | -1.53% | 11,698 | +12.00% | 24,395 | 282 | 2,020 |

출처 : 네이버증권

요즘은 해외 주식을 직접 매수할 수 있는 방법이 매우 쉽기 때문에 군이 한국 주식 시장에 상장된 해외 주식으로 구성된 ETF를 매수할 일이 없을 것이라고 생각할 수도 있습니다.

하지만 연금저축펀드 계좌 또는 퇴직연금 계좌에서는 주식 시장에 상장되어 있는 개별 주식을 담을 수도 없고, 해외 주식을 직접 담는 것도 불가합니다. 따라서 해외 주식으로 구성된 펀드나 ETF를 매수하는 것이 답이 될 수 있으므로, 해외 주식으로 구성된 ETF에 대해서도 알고 있으면 큰 도움이 됩니다.

그중 하나인 TIGER 미국나스닥100 ETF를 살펴보겠습니다.

**자료 83. TIGER 미국나스닥100 ETF**

출처 : 네이버증권

## 자료 84. TIGER 미국나스닥100 ETF 상품 개요

**상품개요**

| 기초지수명 | NASDAQ 100 |
|---|---|
| 최초설정일/상장일 | 2010-10-15 / 2010-10-18 |
| 펀드형태 | 수익증권형 |
| 총보수 | 0.070% |
| 분배금기준일 | 매 1, 4, 7, 10월의 마지막 영업일 및 회계기간 종료일(종료일이 영업일이 아닌 경우 종료일의 직전 영업일) |
| 유동성공급자(LP) | 신한투자, 한국증권, 미래에셋증권, 유진증권, 메리츠, NH투자증권, KB증권, 한화투자, 유안타증권, 삼성증권, DB금투, 하이증권, 키움증권, 이베스트, IBK증권 |
| 자산운용사 | 미래에셋자산운용 |
| 홈페이지 | http://investments.miraeasset.com |

출처 : 네이버증권

자, 이제 상품 개요를 보면 ETF의 내용을 대략적으로는 알 수 있는 실력이 되었습니다.

1. 기초지수명은 추종하게 되는 지수를 말합니다. 벤치마크라고도 합니다.
2. 최초설정일/상장일은 한국 주식 시장에 상장한 날을 말합니다.
3. 펀드 형태와 총보수를 확인합니다.
4. 분배금 기준일도 확인해놓습니다.
5. ETF 라벨이 TIGER인 것으로도 확인할 수 있는 자산운용사는 미래에 셋자산운용입니다.

## 자료 85. TIGER 미국나스닥100 ETF 구성 종목

| 종목코드 | 종목명 | 수량(주) | 평가금액(원) | 비중(%) | 1주수익율 |
|---|---|---|---|---|---|
| AAPL US EQUITY | Apple Inc | 467.8 | 102,331,240 | 13.84 | 1.99 |
| MSFT US EQUITY | Microsoft Corp | 217.1 | 73,384,964 | 9.93 | -3.79 |
| AMZN US EQUITY | Amazon.com Inc | 296.6 | 50,527,974 | 6.83 | -3.65 |
| TSLA US EQUITY | Tesla Inc | 90.5 | 38,954,038 | 5.27 | 5.68 |
| GOOG US EQUITY | Alphabet Inc | 179.4 | 25,469,666 | 3.45 | -3.30 |
| GOOGL US EQUITY | Alphabet Inc | 174.5 | 24,606,138 | 3.33 | -3.05 |
| META US EQUITY | Meta Platforms Inc | 99.4 | 20,245,660 | 2.74 | -4.60 |
| NVDA US EQUITY | NVIDIA Corp | 102 | 18,737,378 | 2.53 | 0.34 |
| PEP US EQUITY | PepsiCo Inc | 66.6 | 15,684,850 | 2.12 | 0.90 |

출처 : 미래에셋자산운용

나스닥100 지수를 추종하기 때문에 우리가 잘 알고 있는 미국의 기업들이 들어가 있습니다. 애플, 마이크로소프트, 아마존, 테슬라, 구글, 메타(페이스북), 엔비디아, 펩시 등등.

이렇게 해외 주식으로 구성된 ETF도 있으니 해외 주식 시장에서 개별 종목이나 ETF를 매수하기 힘드신 분들은 잘 이용해보시길 바랍니다.

# 5장

## EMP

# EMP란?

**EMP**

상장지수펀드(ETF) 자문 포트폴리오(EMP·ETF managed portfolio). 전체 자산의 절반 이상을 상장지수펀드(ETF)나 상장지수증권(ETN)에 분산 투자하는 펀드. ETF 자체가 특정 국가의 증시나 업종을 대상으로 분산 투자하는 펀드인데, EMP펀드는 다시 여러 ETF에 분산 투자를 하는 특성 때문에 '초분산 펀드'라고도 한다.

다른 랩어카운트 등 자산관리 서비스와 달리, 시장 상황에 따라 빠르게 보유 종목을 매일 리밸런싱(변경)하기도 한다. 시장 변동성에 휩쓸리지 않고 안정적인 수익률을 기록할 수 있다.

EMP 펀드는 단기 수익률도 중요하지만, 통상 연 8% 내외의 중수익을 안정적으로 추구하는 게 특징이다. 운용사 입장에서는 설정액이 커야 지속적인 리밸런싱 등으로 효과적인 운용을 추구할 수 있다.

출처 : 한경 경제용어사전

EMP의 최대 장점은 수없이 많은 ETF 상품을 포트폴리오로 활용할 수 있다는 점입니다. ETF도 여러 종류의 주식 개별 종목과 채권, 원자재를 담은 펀드이기 때문에 분산 투자에 탁월한 효과를 볼 수 있는데, 이것을 포트폴리오로 섹터별로 담게 되면 훨씬 더 많은 종목에 분산 투자하게 됩니다. 그래서 '초분산 펀드'라고 불립니다.

특히 EMP는 ETF를 이용해 구성한 포트폴리오를 전문가가 리밸런싱해준다는 것이 또 하나의 장점입니다. 하지만 단점도 있습니다. 전문가가 포트폴리오를 구성하고 리밸런싱을 해주는 데 드는 비용이 있기 때문에 총보수(수수료)가 ETF보다는 높습니다.

우리가 ETF에 투자하는 이유는 수수료가 저렴하기 때문이기도 합니다. 하지만 수수료만 저렴하고 수익을 내지 못하는 경우보다 수수료가 높더라도 그에 따른 수익을 꾸준히 내준다면 선택하지 않을 이유가 없습니다. 직접 ETF를 고르고 포트폴리오를 구성하고 리밸런싱을 할 수 있다면, 굳이 EMP를 선택하지 않아도 무방합니다. 하지만 포트폴리오의 구성부터 스트레스를 받는 투자자라면 EMP를 선택하는 것도 하나의 방법입니다.

하지만 필자가 늘 말씀드리는 한 가지는, 아무 신경 쓰지 않아도 스스로 굴러가 수익을 내주는 자산은 없습니다. EMP에 돈을 투자해도 결국 EMP가 무엇인지, 그 안에 들어 있는 구성 종목은 무엇인지, 어떻게 리밸런싱을 하는지에 대해서는 숙지하고 있어야 합니다. TDF와 더불어 1년에 한 번 정도 감시하면 되는 EMP, 많이 활용하시기 바랍니다.

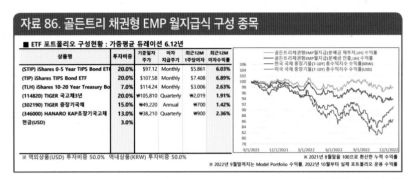

**자료 86. 골든트리 채권형 EMP 월지급식 구성 종목**

■ ETF 포트폴리오 구성현황 : 가중평균 듀레이션 6.12년

| 상품명 | 투자비중 | 기준일자 주가 | 이자 지급주기 | 최근12M 1주당이자 | 최근12M 이자수익률 |
|---|---|---|---|---|---|
| (STIP) iShares 0-5 Year TIPS Bond ETF | 20.0% | $97.12 | Monthly | $5.861 | 6.03% |
| (TIP) iShares TIPS Bond ETF | 20.0% | $107.58 | Monthly | $7.408 | 6.89% |
| (TLH) iShares 10-20 Year Treasury Bo | 7.0% | $114.24 | Monthly | $3.006 | 2.63% |
| (114820) TIGER 국고채3년 | 20.0% | ₩105,810 | Quarterly | ₩2,019 | 1.91% |
| (302190) TIGER 중장기국채 | 15.0% | ₩49,220 | Annual | ₩700 | 1.42% |
| (346000) HANARO KAP초장기국채 | 13.0% | ₩38,210 | Quarterly | ₩900 | 2.36% |
| 현금(USD) | 3.0% | | | | |

※ 역외상품(USD) 투자비중 50.0%   역내상품(KRW) 투자비중 50.0%

※ 2021년 8월말을 100으로 환산한 누적 수익률
※ 2022년 9월말까지는 Model Portfolio 수익률, 2022년 10월부터 실제 포트폴리오 운용 수익률

출처 : 골든트리투자자문

# EMP 고르는 법

자료 87. S&P500 지수 그래프

주식 시장 요약 > **S&P 500**

# 3,693.23

–762.25 (-17.11%) ↓ 지난해

9월 23일 오후 5:04 GMT-4 · 면책조항

| 1일 | 5일 | 1개월 | 6개월 | 연중 | 1년 | 5년 | 최대 |

3,693.23 2022년 9월 23일

| 시가 | 3,727.14 | 최저 | 3,647.47 | 52-주 최고 | 4,818.62 |
| 최고 | 3,727.14 | 전일 종가 | 3,757.99 | 52-주 최저 | 3,636.87 |

출처 : 구글 파이낸스

2022년 미국 증시와 한국 증시는 큰 하락을 거듭하고 있습니다.

2022년 9월 23일 기준으로, 52주 최고점 4,818보다 약 23% 하락한 3,693을 기록했습니다.

자료 88. KOSPI 지수 그래프

주식 시장 요약 > 코스피

**2,290.00**

-835.24 (-26.73%) ↓ 지난해

9월 23일 오후 6:03 GMT+9 · 면책조항

+ 팔로우

| 1일 | 5일 | 1개월 | 6개월 | 연중 | 1년 | 5년 | 최대 |

2,290.00 2022년 9월 23일

| | | | |
|---|---|---|---|
| 시가 | 2,331.33 | 최저 | 2,285.71 |
| 최고 | 2,334.06 | 전일 종가 | 2,332.31 |

| | |
|---|---|
| 52-주 최고 | 3,146.86 |
| 52-주 최저 | 2,276.63 |

출처 : 구글 파이낸스

2022년 9월 23일 기준으로 52주 최고점 3,146보다 약 26% 하락한 2,290을 기록했습니다.

2021년 9월부터 2022년 9월까지 미국과 한국을 대표하는 지수 모두 약 25% 정도 하락했다고 해도 과언이 아닌 상황에 EMP의 성과는

-3~-10%를 기록하고 있습니다. 물론 EMP에 투자한다고 해서 지수보다 더 상승하고 덜 하락한다는 의미는 아닙니다.

공격적 투자가 필요하지 않은 사람들에게 충분히 매력 있는 상품이 될 것이라는 생각이 있습니다. 왜냐하면, 연금 상품은 긴 기간 동안 운영해야 하는 것이라 변동성이 높다면 리스크가 될 수 있기 때문입니다. 따라서 변동성이 높지 않고 구성 종목의 분배가 잘되어 있다면, EMP에 투자할 이유가 분명해지는 것입니다.

**자료 89. 골든트리 채권형 EMP 월지급식 구성 현황**

**"골든트리 채권형EMP 월지급식" 보유종목 세부정보**

골든트리투자자문

2022년 12월 16일(금) 기준

■ 보유종목 개요

| 구분 | (티커) 종목명 | 투자비중 | 분배금 지급주기 | 종목 특징 |
|---|---|---|---|---|
| 역외 ETF | (STIP) iShares 0-5 Year TIPS Bond ETF | 20.0% | Monthly | 미국 5년물 이하 물가연동국채 투자 (물가연동 Coupon 상승) |
| 역외 ETF | (TIP) iShares TIPS Bond ETF | 20.0% | Monthly | 미국 5~10년물 물가연동국채 투자 (물가연동 Coupon 상승) |
| 역외 ETF | (TLH) iShares 10-20 Year Treasury Bond ETF | 7.0% | Monthly | 미국 10~20년물 국채 투자 (초장기물) |
| 역내 ETF | (114820) TIGER 국고채3년 | 20.0% | Quarterly | 한국 국채 3년물 투자 (중기물) |
| 역내 ETF | (302190) TIGER 중장기국채 | 15.0% | Annual | 한국 국채 3~5년물 투자 (중장기물) |
| 역내 ETF | (346000) HANARO KAP초장기국고채 | 13.0% | Quarterly | 한국 국채 20년물 투자 (초장기물) |

출처 : 골든트리투자자문

골든트리투자자문의 골든트리 채권형 EMP 월지급식의 경우, 해외 채권 ETF와 한국 채권 ETF를 적절히 분산 투자해놓은 EMP입니다.

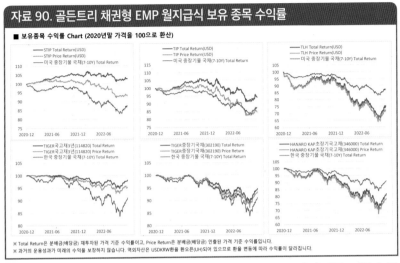

**자료 90. 골든트리 채권형 EMP 월지급식 보유 종목 수익률**

■ 보유종목 수익률 Chart (2020년말 가격을 100으로 환산)

※ Total Return은 분배금(배당금) 재투자된 가격 기준 수익률이고, Price Return은 분배금(배당금) 인출된 가격 기준 수익률입니다.
※ 과거의 운용성과가 미래의 수익을 보장하지 않습니다. 역외자산은 USDKRW환율 환오픈(UH)되어 있으므로 환율 변동에 따라 수익률이 달라집니다.

출처 : 골든트리투자자문

수익률이 항상 높고 상승하면 좋겠지만, 시장의 상황에 따라서 수익률은 달라질 수 있습니다. 변동성을 줄이고자 해외 채권 ETF, 한국 채권 ETF에 분산 투자하는 것이고, 비중도 시기에 맞게 시장의 상황을 보면서 조절해주는 것이 EMP의 핵심입니다.

따라서 EMP를 고를 때는 그 상품을 운용하는 운용사를 잘 봐야 합니다. 왜냐하면 리밸런싱을 할 수 있는 능력이 곧 변동성이 되기 때문입니다. 같은 종목으로 구성된 EMP라도 운용하는 사람에 따라서 수익률은 많은 차이를 보일 것입니다.

PART
03

# 실전 투자
# 시작하기

# 1장

## 분산 투자

# 연금저축펀드 계좌에도
# 분산 투자가 필요할까?

연금저축펀드 계좌는 분산 투자가 필요하지 않습니다. 왜냐하면, 개별 종목을 투자할 수 없기 때문입니다. 펀드 상품만을 선택해서 투자할 수 있기 때문에 이미 분산 투자가 되어 있는 계좌입니다. 펀드 상품은 여러 개의 개별 종목을 묶어놓은 상품이기 때문이죠. 그래서 TDF나 EMP에 100% 투자해도 리스크는 높지 않습니다.

하지만 펀드 상품 중에서도 지수추종 상품이 아닌 경우에는 여러 개의 펀드로 분산해놓는 것이 필요합니다. ETF도 펀드 상품의 하나인데 주식 시장에 상장되어 매수, 매도를 편리하게 해온 것이므로 ETF로 예를 들어보겠습니다.

## 자료 91. 키움차세대모빌리티증권자투자신탁제1호

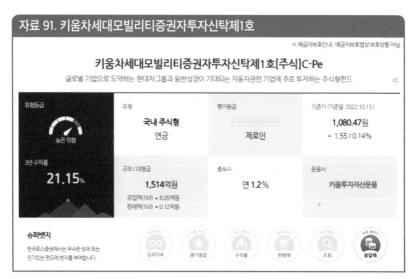

※ 예금자보호안내 : 예금자보호법상 보호상품 아님

### 키움차세대모빌리티증권자투자신탁제1호[주식]C-Pe

글로벌 기업으로 도약하는 현대차그룹과 동반성장이 기대되는 자동차관련 기업에 주로 투자하는 주식형펀드

| 위험등급 | 유형 | 평가등급 | 기준가 (기준일: 2022.10.13) |
|---|---|---|---|
| 높은 위험 | 국내 주식형 연금 | 제로인 | 1,080.47원 ▲ 1.55 / 0.14% |
| 3년 수익률 21.15% | 규모/대형급 1,514억원 유입액(1M) ▲ 8.05억원 판매액(1M) ▲ 0.12억원 | 총보수 연 1.2% | 운용사 키움투자자산운용 |

**슈퍼뱃지**
한국포스증권에서는 우수한 성과 또는 인기있는 펀드에 뱃지를 부여합니다.

성과지속 / 평가등급 / 수익률 / 판매액 / 조회 / 유입액

출처 : 한국포스증권

## 자료 92. 키움차세대모빌리티증권자투자신탁제1호 포트폴리오

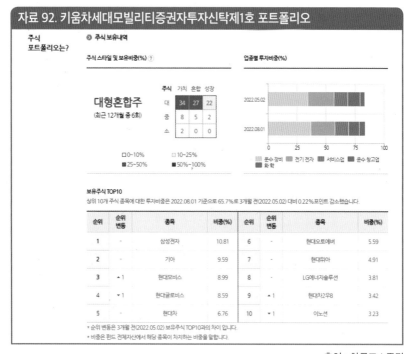

**주식 포트폴리오는?**

**주식 보유내역**

주식 스타일 및 보유비중(%)

**대형혼합주**
(최근 12개월 중 6회)

| 주식 | 가치 | 혼합 | 성장 |
|---|---|---|---|
| 대 | 34 | 27 | 22 |
| 중 | 8 | 5 | 2 |
| 소 | 2 | 0 | 0 |

□ 0~10%  □ 10~25%
■ 25~50%  ■ 50~100%

업종별 투자비중(%)

2022.05.02
2022.08.01

■ 운수 장비 ■ 전기 전자 ■ 서비스업 ■ 운수 창고업 ■ 화학

**보유주식 TOP10**
상위 10개 주식 종목에 대한 투자비중은 2022.08.01 기준으로 65.7%로 3개월 전(2022.05.02) 대비 0.22%포인트 감소했습니다.

| 순위 | 순위변동 | 종목 | 비중(%) | 순위 | 순위변동 | 종목 | 비중(%) |
|---|---|---|---|---|---|---|---|
| 1 | - | 삼성전자 | 10.81 | 6 | - | 현대오토에버 | 5.59 |
| 2 | - | 기아 | 9.59 | 7 | - | 현대위아 | 4.91 |
| 3 | ▲1 | 현대모비스 | 8.99 | 8 | - | LG에너지솔루션 | 3.81 |
| 4 | ▼1 | 현대글로비스 | 8.59 | 9 | ▲1 | 현대차2우B | 3.42 |
| 5 | - | 현대차 | 6.76 | 10 | ▼1 | 이노션 | 3.23 |

* 순위 변동은 3개월 전(2022.05.02) 보유주식 TOP10과의 차이 입니다.
* 비중은 펀드 전체자산에서 해당 종목이 차지하는 비중을 말합니다.

출처 : 한국포스증권

키움차세대모빌리티증권자투자신탁제1호의 포트폴리오를 살펴봅시다. 펀드 이름으로도 알 수 있듯이, 모빌리티(자동차 같은 이동수단)에 관련된 주식을 모아서 만든 상품입니다. 이 펀드에만 100% 투자한다면 분산 투자는 아닙니다.

따라서 내가 투자하고 있는 펀드 상품에 구성된 포트폴리오를 살펴보고, 섹터별로 분산 투자를 해야 합니다. 그래야 변동성을 줄일 수 있습니다. 왜냐하면, 같은 섹터의 주식으로 구성된 포트폴리오를 가지고 있는 펀드는 결국 개별 종목 1개에 모든 투자금을 넣은 것과 마찬가지이기 때문입니다. 변동성을 줄이기 위해서는 여러 종목, 더 정확히 이야기하면 여러 섹터로 분산 투자되어야 합니다.

결론입니다.

지수추종 펀드에 투자하는 것은 분산 투자가 맞습니다. 따라서 투자금의 100%를 넣어도 변동성이 크지 않습니다. 하지만 섹터별로 투자하는 펀드 상품에 투자할 때는 펀드 상품도 섹터별로 선택해서 분산 투자해야 합니다.

**2**

# 서로 다른 성질의 펀드로
# 구성해봅시다

· 섹터를 나누고 펀드를 담아봅시다.

· 종목이 중복되는 펀드는 피합니다.

· 섹터별 펀드를 1개씩 담아봅시다.

· 결국 변동성을 줄이자는 것입니다.

미국의 대표적인 S&P500의 섹터를 참고해봅시다.

## 1. TECHNOLOGY(21.48%)

미국을 대표하는 기업들이 다수 포함된 IT 관련 섹터

## 2. HEALTH CARE(14.20%)

의약품 제조업체, 의료 기기 및 장비, 건강보험, 바이오테크 산업
군을 포함한 섹터

## 3. FINANCIALS(13.07%)

미국 대표 은행과 신용 서비스, 투자 회사 등의 산업군을 포함한 섹터

## 4. CONSUMER DISCRETIONARY(10.19%)

경기에 민감한 자유 소비재 산업군이 포함된 섹터

## 5. COMMUNICATION SERVICES(10.19%)

FANG 주식이 포함되어 있는 섹터

## 6. INDUSTRIALS(9.38%)

항공 및 군수 산업과 관련된 기업들이 포함된 산업재 섹터

## 7. CONSUMER STAPLES(7.27%)

필수소비재 섹터

## 8. ENERGY(5.05%)

오일, 가스 등의 에너지 관련 기업으로 이루어진 섹터

## 9. UTILITIES(3.31%)

전기 및 가스 등을 미국 각 주에 공급하는 기업들이 속해 있는 섹터

## 10. REAL ESTATE(3.05%)

리츠, 부동산 관련 섹터

## 11. MATERIALS(2.80%)

소재, 원자재 관련 기업으로 구성된 섹터

총 11개의 섹터로 나눌 수 있습니다. 한국 주식 시장에 상장된 종목들로 구성된 펀드도 선택할 수 있으며, 미국 주식 시장의 종목들로 구성된 펀드도 가능합니다. 좋아하는 섹터를 5개 정도 골라서 적절한 비중으로 가져가는 것도 방법입니다. 하지만 제가 추천하는 방법은 펀드의 특성을 최대한 이용하라는 것입니다. 펀드는 개별 종목을 묶어놓은 것입니다. 펀드 중에서 TDF는 주식과 채권을 적절히 섞어놓고 리밸런싱도 해줍니다.

EMP는 ETF를 이용해 포트폴리오를 만들고, 경기 상황에 따라서 적절히 리밸런싱도 해줍니다. 이런 좋은 상품들이 있는데 굳이 섹터별로 펀드를 여러 개 담을 필요가 없겠죠. 개인 취향의 차이라고 생각합니다. 저라면 TDF나 EMP에 투자할 것 같습니다. 또는 지수를 추종하는 펀드나 ETF에 투자하는 방법도 있습니다. 연금저축이라는 것은 짧게는 20년, 길게는 40년 후에 쓸 자금을 적립하는 것이므로 긴 시간을 두고 변동성을 줄이고, 꾸준히 수익을 내줄 수 있는 상품에 투자하는 것이 맞습니다.

미국 S&P500 지수를 추종하는 펀드의 주식 포트폴리오와 전체 자산 TOP10을 참고해보시기 바랍니다.

출처 : 한국포스증권

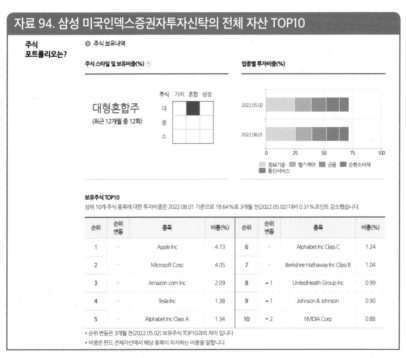

출처 : 한국포스증권

## 자료 95. 삼성 미국인덱스증권자투자신탁의 전체 자산 TOP10

**전체
자산은?**

❯ 전체자산 TOP10

| 순위 | 구분 | 종목 | 펀드 내 비중(%) |
|---|---|---|---|
| 1 | 뮤추얼펀드-ETF펀드 | SPDR® S&P 500 ETF Trust | 19.18 |
| 2 | 현금 | 예금 | 6.64 |
| 3 | 주가지수 선물 | Eminis&P500fut(Es)202209 | 6.55 |
| 4 | 현금-환매채 | Repo매수(신한금융투자) | 5.37 |
| 5 | 주식 | Apple Inc | 4.73 |
| 6 | 주식 | Microsoft Corp | 4.05 |
| 7 | 주식 | Amazon.com Inc | 2.09 |
| 8 | 주식 | Tesla Inc | 1.38 |
| 9 | 주식 | Alphabet Inc Class A | 1.34 |
| 10 | 현금-선물 오프셋 | Cash Offset For Derivatives | -6.56 |

출처 : 한국포스증권

# 3

# 몇 개의 펀드로
# 구성하는 것이 적당할까?

펀드의 종류는 엄청나게 많습니다.

**FOSS**

검색어를 입력하세요 🔍  ⓘ 인덱스

※ 계약체결 전 설명 청취 및 약관, 투자설명서 등 필독
한국금융투자협회 심사필 제 21-05265호
(2021.11.25.~2026.11.25.)

👤 My페이지   펀드   연금저축   IRP   뱅킹/업무   투자정보   고객지원     공동인증   OTP센터  ≡

⌂ 홈 / 펀드 / 펀드검색 / 전체펀드 ▾

## 펀드 검색

검색하실 펀드명을 입력하세요. 🔍

| 펀드속성 ? | 펀드유형 | 운용전략 | 운용규모 | 위험등급 | 슈퍼뱃지 ? | 운용사 |
|---|---|---|---|---|---|---|
| ☐ 전체 | ☑ 전체 | ☐ 중국본토A | ☑ 전체 | ☑ 전체 | ☑ 전체 | ☑ 전체 |
| ☐ 일반펀드 | ☐ 국내주식 + | ☐ 배당주 | ☐ 10억원 미만 | ☐ 매우 낮은 위험 | ☐ 성과지속 | ○ 국내주식 규모 top5 |
| ☑ 연금펀드 | ☐ 국내채권 | ☐ 가치주 | ☐ 10~100억원 | ☐ 낮은 위험 | ☐ 평가등급 | ○ 국내채권 규모 top5 |
| | ☐ 해외주식 + | ☐ 공모주(혼합) | ☐ 100~500억원 | ☐ 보통 위험 | ☐ 수익률 | ○ 해외주식 규모 top5 |
| | ☐ 해외채권 + | ☐ 공모주(채권) | ☐ 500~1,000억원 | ☐ 다소 높은 위험 | ☐ 판매력 | ○ 해외채권 규모 top5 |
| | ☐ 기타 | ☐ 인덱스 | ☐ 1,000~5,000억원 | ☐ 높은 위험 | ☐ 조회 | ☐ 골든브릿지자산운용 |
| | ☐ 유동성 + | ☐ 롱/숏 | ☐ 5,000억원 이상 | ☐ 매우 높은 위험 | ☐ 유입액 | ☐ 교보악사자산운용 |
| | | ☐ 로보어드바이저 | | | ☐ 뱃지없음 | ☐ 다올자산운용 |
| | | | | | | ☐ 대신자산운용 |
| | | | | | | ☐ 디더블유에스자산운 용 |

상세검색 열기 ⌄

· 현재 검색된 펀드는 **963**개 입니다.   [검색결과 보기]  [조건 초기화]

출처 : 한국포스증권

포스증권에서 연금펀드를 체크하고 검색하면, 총 963개의 펀드가 나옵니다. 그렇다면 이렇게 많은 펀드 중에서 몇 개를 골라야 할까요?

몇 개를 골라야 하는지 생각하기 이전에 내가 골라야 하는 국가와 섹터를 생각해야 합니다.

예를 들어보겠습니다.

- 한국 주식 - 30%
- 미국 주식 - 50%
- 중국 주식 - 10%
- 채권 - 10%

이렇게 국가별로 비중을 결정하고, 각 지수를 추종하는 펀드로 구성할 수 있습니다.

포스증권에서 펀드 검색창을 열고, 펀드 속성에는 연금펀드를 선택하세요. 펀드 유형에는 국내 주식-K200인덱스 선택, 북미 주식 선택, 중국 주식을 선택해서 총 3개의 유형을 체크하세요. 그리고 운용전략에는 인덱스를 선택하고, '검색 결과 보기'를 누르시면 총 31개의 펀드가 검색됩니다.

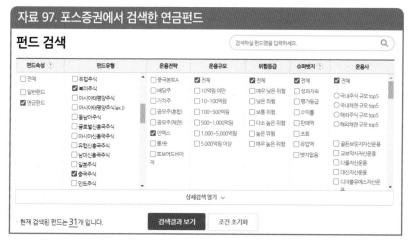

이 중에서 무작위로 국가별 펀드를 골라보겠습니다.

- 한국 주식 - 30% : 삼성 인덱스플러스증권투자신탁 제1호(주식-파생형)
  S-P

- 미국 주식 - 50% : KB 연금미국S&P500인덱스증권자투자신탁(주식-
  파생형) S-P

- 중국 주식 - 10% : 신한 차이나인덱스증권자투자신탁(H)(주식-파생형)
  S-P

- 채권 - 10% - NH-Amundi 국채10년인덱스증권자투자신탁(채권)S-P

한국 주식, 미국 주식, 중국 주식, 채권 펀드를 골랐습니다. 채권펀드
는 국내 채권으로 1개를 선택했습니다(예시로 알려드린 펀드는 예시일 뿐, 따라
하지 마세요). 이렇게 국가별 인덱스펀드와 채권으로 구성하게 되면 총 4

개의 펀드를 선택하게 됩니다. 이런 식으로 직접 분산 투자를 할 수도 있지만, TDF나 EMP를 활용해서 분산 투자와 리밸런싱의 효과를 얻는 것도 방법일 수 있습니다.

연금저축펀드를 통해 투자를 시작한 초반에는 국가와 섹터를 나누어서 펀드를 직접 골라보기도 하고, 스스로 리밸런싱해보기도 하는 것을 추천합니다. 왜냐하면, 이렇게 직접 운용을 해보는 것이 투자 습관에 상당한 도움이 되기 때문입니다.

많은 사람들이 분산 투자할 수 있는 펀드의 장점은 외면하고 수수료와 수익률만을 이야기합니다. 하지만 펀드는 투자 초기에 큰 도움을 줄 수 있으며, 변동성을 낮추고 시장 분위기에 휩쓸리지 않는 상점이 있습니다. 따라서 매월 정기적으로 투자하는 연금저축펀드 계좌에서 투자 습관을 길러 개별 주식에 투자할 수 있는 개인 계좌에서 큰 수익을 얻을 수 있게 됩니다.

결론입니다.
'몇 개의 펀드로 구성하느냐?'를 생각하기 이전에 '어떻게 분산 투자할 것인가?'에 대해서 고민하고, 그에 맞는 펀드를 구성하시기 바랍니다.

# 수익률 좋은 펀드로만
# 구성하면 되지!

3개월 수익률순으로 펀드를 검색해봅시다.

## 자료 98. 3개월 수익률순 펀드 검색

| 총 963 건 | 전체유형(대) ▼ | 전체유형(소) ▼ | 3개월 수익률순 ▼ | 펀드명 검색 | 적용 | ◈ 리스트조건설정 | ☑ 펀드비교 (0) | ☰ ▦ ▤ |

**하이 월드에너지 증권 자투자신탁(주식-재간접형)(UH) 종류 (C-Pe)**
수수료미징구·온라인·개인연금

| 유형 | 해외주식형ㅣ연금 | 총보수 | 투설직접확인 | | | | 3M | 28.54% | 펀드비교 |
| 규모 | 초대형급(7000억원) | 유입액(1M) | ▲6.77억원 | 높은위험 | | 제로인 | 6M | 18.25% | 🛒 구매 |
| 기준가 | 1,673.50 ▲17.81 (1.08%) | 판매액(1M) | ▼0.66억원 | | | | 1Y | 62.95% | 🛒 담기 |
| | | | | | | | 3Y | 78.89% | |

**미래에셋연금브라질업종대표증권자투자신탁1호(주식)C-Pe**
수수료미징구·온라인·개인연금

| 유형 | 해외주식형ㅣ연금 | 총보수 | 연 1.2% | | | | 3M | 21.08% | 펀드비교 |
| 규모 | 초소형급(140억원) | 유입액(1M) | ▲16.67억원 | 높은위험 | | 제로인 | 6M | 23.82% | 🛒 구매 |
| 기준가 | 1,023.44 ▲1.96 (0.19%) | 판매액(1M) | ▲0.39억원 | | | | 1Y | 36.18% | 🛒 담기 |
| | | | | | | | 3Y | 3.48% | 비용 비교 |

**하이 월드광업주증권자투자신탁(주식-재간접)(UH)(C-Pe)**
수수료미징구·온라인·개인연금

| 유형 | 해외주식형ㅣ연금 | 총보수 | 투설직접확인 | | | | 3M | 14.77% | 펀드비교 |
| 규모 | 초소형급(133억원) | 유입액(1M) | ▲1.35억원 | 높은위험 | | 제로인 | 6M | -6.56% | 🛒 구매 |
| 기준가 | 1,868.66 ▲94.06 (5.30%) | 판매액(1M) | ▲0.05억원 | | | | 1Y | 15.12% | 🛒 담기 |
| | | | | | | | 3Y | 80.98% | |

**KB 브라질증권자투자신탁(주식)S-P**
수수료미징구·온라인슈퍼·개인연금

| 유형 | 해외주식형ㅣ연금 | 총보수 | 연 1.225% | | | | 3M | 14.62% | 펀드비교 |
| 규모 | 소형급(191억원) | 유입액(1M) | ▲1.91억원 | 높은위험 | | 제로인 | 6M | 6.82% | 🛒 구매 |
| 기준가 | 1,067.71 ▲19.45 (1.86%) | 판매액(1M) | ▲0.09억원 | | | | 1Y | 20.54% | 🛒 담기 |
| | | | | | | | 3Y | -12.80% | 비용 비교 |

출처 : 한국포스증권

제일 상위에 있는 펀드가 '하이 월드에너지 증권자투자신탁(주식-재간접형)(UH) 종류(C-Pe)'입니다. 구성 주식 포트폴리오를 살펴봅시다.

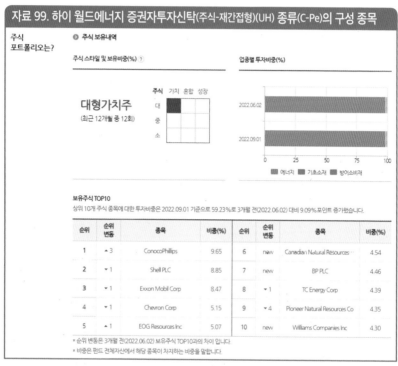

자료 99. 하이 월드에너지 증권자투자신탁(주식-재간접형)(UH) 종류(C-Pe)의 구성 종목

출처 : 한국포스증권

모든 구성 주식이 에너지 관련 주식입니다. 에너지 관련 주식은 경기사이클에 민감합니다. 그리고 원유의 가격과도 밀접한 관련이 있습니다. 하지만 연금저축펀드 계좌는 매우 긴 시간 운용되는 계좌입니다. 따라서 지금 수익률이 좋다고 해서 무조건 담거나, 한 가지 펀드에 모든 자금을 몰아넣는 것은 위험합니다.

왜냐하면, 변동성이 매우 커지기 때문입니다. 에너지라는 테마는 수익률이 좋은 기간이 있지만, 좋지 않은 기간도 있습니다. 이런 사이클이 매우 긴 시간 동안 지속될 가능성이 큽니다. 그리고 지금까지도 그래 왔습니다. 이런 주식만을 담은 펀드에 모든 자금을 넣는다면, 결국 내가 자금을 사용해야 할 시점에 하락 사이클을 맞이할 가능성이 큽니다.

따라서 지금 시점의 수익률보다는 긴 시간 운용되면서 꾸준한 수익률을 내줄 수 있는 펀드를 찾아야 합니다. 물론 그런 펀드를 찾기는 쉽지 않고, 찾았다고 해도 50년 이상 잘 운용되는 펀드는 존재하기 힘듭니다. 그래서 좋은 펀드를 찾는 것도 매우 중요하고, 그 펀드가 잘 운용되고 있는지 감시하는 것도 잊지 말아야 합니다.

한 가지 펀드를 더 살펴봅시다. 두 번째로 수익률이 높았던 '미래에셋연금브라질업종대표증권자투자신탁1호(주식)C-Pe'입니다.

이 펀드는 브라질에 있는 기업에 투자하고 있는 상품입니다.

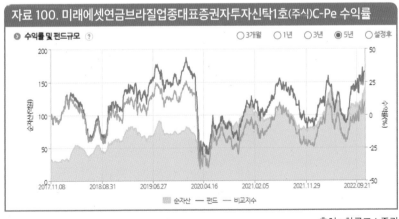

자료 100. 미래에셋연금브라질업종대표증권자투자신탁1호(주식)C-Pe 수익률

출처 : 한국포스증권

펀드의 수익률과 비교지수와 차이가 별로 없는 이유는 브라질 인덱스와 비슷한 구성 종목을 가지고 있다는 이야기입니다. 하지만 자료 101을 보면 알 수 있듯이 변동성이 어마어마합니다. 변동성이 크다는 이야기는 손실도 클 수 있지만, 수익도 클 수 있다는 뜻입니다. 하지만 긴 시간 안정적으로 운용하기에는 힘든 변동성입니다.

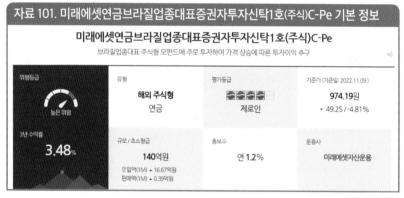

자료 101. 미래에셋연금브라질업종대표증권자투자신탁1호(주식)C-Pe 기본 정보

출처 : 한국포스증권

그리고 총보수가 연 1.2%로, 높은 편에 속합니다. 물론 총보수가 높으면 나쁜 펀드, 낮으면 좋은 펀드라는 공식은 아닙니다. 하지만 총보수가 높으면서 변동성이 크다는 것은 손실을 입을 확률이 매우 커지기 때문에 장기간 운용해야 하는 연금저축펀드 계좌에는 어울리지 않습니다. 하지만 브라질이라는 나라에 대한 믿음이 있다면 투자하지 않을 이유는 없겠죠.

결론입니다. 무작정 수익률 높은 순으로 나열해서 펀드를 선택하기보다는 원하는 나라와 섹터를 잘 구분해서 펀드를 골라야 합니다.

# TDF와 채권펀드로만
# 구성해야 하는 이유

지금까지 우리는 분산 투자와 리밸런싱을 위해 펀드를 고르는 방법에 대해서 알아봤습니다. 투자 초기에는 직접 운용을 하면서 투자의 경험과 실력을 쌓는 것이 중요합니다. 이렇게 쌓은 실력을 바탕으로 개별 종목에 투자해서 큰 수익을 얻게 되는 것입니다.

개별 종목에 투자하게 되면 해야 할 일들이 많아집니다. 따라서 이제 연금저축펀드 계좌에는 큰 신경을 쓰지 않고 운용하는 것이 더 이득일 것입니다. 왜냐하면, 개별 종목을 선택하고 집중하는 것이 큰 수익을 얻을 수 있기 때문입니다.

그렇다면 연금저축펀드 계좌에는 어떤 펀드로 구성을 해야 6개월에 한 번 또는 1년에 한 번 감시만 해도 잘 굴러가게 되는지 알아봅시다.

TDF에 대해서는 Part 02의 3장에서 자세히 설명했지만, TDF의 정의를 다시 한번 짚고 넘어가겠습니다.

---

**TDF(Target Date Fund)**

투자자의 은퇴 시점을 목표 시점(Target Date)으로 해서 생애주기에 따라 펀드가 포트폴리오를 알아서 조정하는 자산 배분 펀드

---

자료 102을 보면, 이미 TDF에 주식과 채권이 적절한 비중으로 구성되어 있습니다. 그럼에도 불구하고 채권펀드를 따로 비중을 정해서 담아야 하는 이유는 무엇일까요?

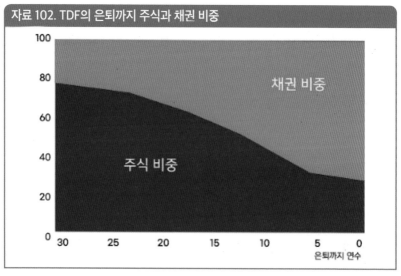

TDF에 연금저축 적립금을 모두 투자해도 큰 문제는 없습니다. 하지만 급격한 경기침체 또는 자산 시장 하락에는 빠르게 대응을 하지 못합니다. 그래서 채권펀드를 적절한 비중을 정해서 따로 가지고 있어야 합니다. 자산 시장 하락 시기에는 보통 채권 시장이 좋아집니다.

경기침체 시기에도 주식보다는 채권의 힘이 강합니다. 물론 TDF에서도 리밸런싱을 통해 주식과 채권의 비중을 적절히 수정하겠지만, 큰 자금이 들어 있는 포트폴리오를 한 번에 교체하기는 쉽지 않습니다. 따라서 TDF - 80%, 채권펀드 - 20% 정도 담고 있으면 경기의 시그널이 명확하게 나타날 때, 직접 비중 조절을 빠르게 할 수 있습니다.

# 2장

## 펀드 고르기

# TDF와 채권펀드를
# 골라봅시다

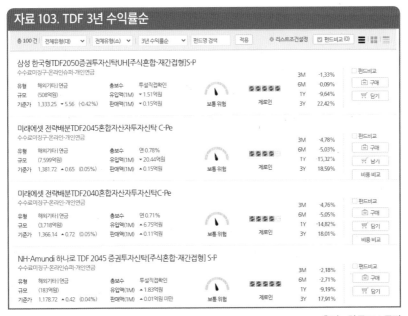

**자료 103. TDF 3년 수익률순**

| | | | | | | | |
|---|---|---|---|---|---|---|---|
| 총 100 건 | 전체유형(대) ▾ | 전체유형(소) ▾ | 3년 수익률순 ▾ | 펀드명 검색 | 적용 | ⚙ 리스트조건설정 | ☑ 펀드비교 (0) ☰ ⊞ ☷ |

**삼성 한국형TDF2050증권투자신탁UH[주식혼합-재간접형]S-P**
수수료미징구·온라인슈퍼·개인연금

| | | | | | | | |
|---|---|---|---|---|---|---|---|
| | | | | | 3M | -1.33% | ☐ 펀드비교 |
| 유형 | 해외기타ㅣ연금 | 총보수 | 투설직접확인 | | 6M | -0.09% | 🛒 구매 |
| 규모 | (508억원) | 유입액(1M) ▲1.51억원 | | | 1Y | -9.64% | 🛒 담기 |
| 기준가 | 1,333.25 ▼5.56 (-0.42%) | 판매액(1M) ▲0.15억원 | | 보통 위험 | 제로인 | 3Y | 22.42% |

**미래에셋 전략배분TDF2045혼합자산투자신탁 C-Pe**
수수료미징구·온라인·개인연금

| | | | | | | | |
|---|---|---|---|---|---|---|---|
| | | | | | 3M | -4.78% | ☐ 펀드비교 |
| 유형 | 해외기타ㅣ연금 | 총보수 | 연 0.78% | | 6M | -5.03% | 🛒 구매 |
| 규모 | (7,599억원) | 유입액(1M) ▲20.44억원 | | | 1Y | 15.32% | 🛒 담기 |
| 기준가 | 1,381.72 ▲0.65 (0.05%) | 판매액(1M) ▲0.15억원 | | 보통 위험 | 제로인 | 3Y | 18.59% | 비용 비교 |

**미래에셋 전략배분TDF2040혼합자산투자신탁C-Pe**
수수료미징구·온라인·개인연금

| | | | | | | | |
|---|---|---|---|---|---|---|---|
| | | | | | 3M | -4.76% | ☐ 펀드비교 |
| 유형 | 해외기타ㅣ연금 | 총보수 | 연 0.71% | | 6M | -5.05% | 🛒 구매 |
| 규모 | (3,718억원) | 유입액(1M) ▲6.75억원 | | | 1Y | -14.82% | 🛒 담기 |
| 기준가 | 1,366.14 ▲0.72 (0.05%) | 판매액(1M) ▲0.11억원 | | 보통 위험 | 제로인 | 3Y | 18.01% | 비용 비교 |

**NH-Amundi 하나로 TDF 2045 증권투자신탁[주식혼합-재간접형] S-P**
수수료미징구·온라인슈퍼·개인연금

| | | | | | | | |
|---|---|---|---|---|---|---|---|
| | | | | | 3M | -2.18% | ☐ 펀드비교 |
| 유형 | 해외기타ㅣ연금 | 총보수 | 투설직접확인 | | 6M | -2.71% | 🛒 구매 |
| 규모 | (183억원) | 유입액(1M) ▲1.83억원 | | | 1Y | -9.19% | 🛒 담기 |
| 기준가 | 1,178.72 ▲0.42 (0.04%) | 판매액(1M) ▲0.01억원 미만 | | 보통 위험 | 제로인 | 3Y | 17.91% |

출처 : 한국포스증권

자료 103의 제일 위에 있는 '삼성 한국형TDF2050증권투자신탁UH
[주식 혼합-재간접형]S-P'에 대해서 알아봅시다.

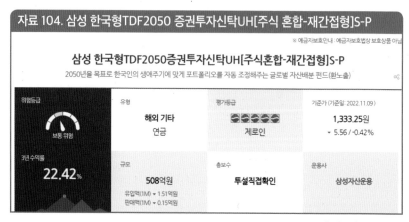

**자료 104. 삼성 한국형TDF2050 증권투자신탁UH[주식 혼합-재간접형]S-P**

맨 앞에 보이는 '삼성 한국형'은 삼성자산운용에서 만든 상품이라는
것을 나타냅니다.

'TDF 2050'은 은퇴 시점이 2050년인 사람들을 위한 상품이라는 뜻
이며, 2050년까지 주식과 채권의 비중을 조절합니다.

---

**'증권투자신탁'**

증권투자신탁업법에 의거해 위탁자가 수탁자와 신탁계약을 체결한 후 수익자를 위해
유가증권투자의 관리·운용을 담당한다. 우리나라의 투자신탁회사와 종합금융회사
는 위탁자로서 수익증권의 발행에 의해 조성된 자금을 유가증권에 투자하고, 그 운용
수익을 수익자에게 분배한다.

출처 : <매일경제>, 매경닷컴

---

'주식 혼합–재간접형'은 주식이 50% 이상, 나머지는 채권 등이 혼합된 상품이라는 뜻이고, 재간접형은 자산운용사가 직접 주식이나 채권에 투자하는 것이 아니라 주식이나 채권 등에 투자하는 펀드에 재투자하는 펀드라는 뜻입니다.

'S-P'는 펀드의 클래스를 의미합니다.

- C-P 클래스 : 개인연금 오프라인 상품
- C-Pe 클래스 : 개인연금 온라인 전용상품
- S-P 클래스 : 한국포스증권(구 펀드슈퍼마켓)에서만 파는 개인연금 상품

이렇게 알고 나면, 펀드 상품의 이름만 봐도 운용사와 펀드의 종류를 알 수 있게 됩니다. 나에게 맞는 TDF를 잘 선택하시길 바랍니다. 보통 자신이 태어난 연도에서 60을 더해서 나온 연도의 상품에 투자합니다.

예를 들면, 다음과 같습니다.

1980년생이라면,

1980 + 60 = 2040

아래의 TDF 중 선택합니다.

- 미래에셋 전략배분TDF2040혼합자산자투자신탁C-Pe
- NH-Amundi 하나로 TDF 2040 증권투자신탁[주식 혼합-재간접형] S-P
- 한화 Lifeplus TDF 2040 증권자투자신탁(혼합-재간접형) 종류 S-P(연금저축)
- 키움 키워드림TDF2040증권투자신탁제1호[혼합-재간접형]S-P
- 한국투자 TDF알아서2040증권투자신탁(주식 혼합-재간접형)S-P
- 신한마음편한TDF2040증권투자신탁[주식 혼합-재간접형](종류S-P)
- 삼성 한국형TDF2040증권투자신탁H [주식 혼합-재간접형] S-P

이번에는 채권펀드를 골라봅시다.

자료 105. 채권펀드 체크 항목

출처 : 한국포스증권

펀드 속성에서 연금펀드를 체크하고, 펀드유형은 국내채권은 우량채권, 해외채권은 북미채권, 이렇게 두 가지만 선택합니다. 왜냐하면, 채권은 안정적인 수익을 내주는 것이 무엇보다 우선시되어야 합니다. 따라서 우량채권이나 미국채권을 선택하는 것이 좋습니다.

**자료 106. 포스증권에서 검색된 연금저축펀드 계좌에 투자할 수 있는 채권펀드**

삼성 누버거버먼글로벌인컴증권자투자신탁UH [채권-재간접형] S-P
수수료미징구·온라인슈퍼·개인연금

| 유형 | 해외채권형 l 연금 | 총보수 | 투설직접확인 | | | 3M | -0.14% |
| 규모 | 초소형급(139억원) | 유입액(1M) | ▲ 0.34억원 | | | 6M | 2.25% |
| 기준가 | 1,331.29 ▼14.38 (-1.07%) | 판매액(1M) | ▲0.03억원 | 낮은 위험 | 제로인 | 1Y | 1.26% |
| | | | | | | 3Y | 14.22% |

NH-Amundi 단기국공채증권자투자신탁[채권] S-P
수수료미징구·온라인슈퍼·개인연금

| 유형 | 국내채권형 l 연금 | 총보수 | 연 0.2% | | | 3M | 0.07% |
| 규모 | 초소형급(56억원) | 유입액(1M) | ▲0.46억원 | | | 6M | 0.31% |
| 기준가 | 1,000.10 ▲0.10 (0.01%) | 판매액(1M) | ▲0.02억원 | 매우낮은위험 | 제로인 | 1Y | 0.59% |
| | | | | | | 3Y | 1.57% |

삼성 누버거버먼글로벌인컴증권자투자신탁 H [채권-재간접형] S-P
수수료미징구·온라인슈퍼·개인연금

| 유형 | 해외채권형 l 연금 | 총보수 | 투설직접확인 | | | 3M | -5.89% |
| 규모 | 소형급(139억원) | 유입액(1M) | ▼7.38억원 | | | 6M | -5.99% |
| 기준가 | 1,066.51 ▲0.56 (-0.05%) | 판매액(1M) | ▲0.02억원 | 낮은 위험 | 제로인 | 1Y | -12.45% |
| | | | | | | 3Y | -4.45% |

AB 미국인컴 증권투자신탁(채권-재간접형) S-P
수수료미징구·온라인슈퍼·개인연금

| 유형 | 해외채권형 l 연금 | 총보수 | 투설직접확인 | | | 3M | -7.21% |
| 규모 | 소형급(119억원) | 유입액(1M) | ▲17.19억원 | | | 6M | -7.29% |
| 기준가 | 888.89 ▲0.58 (-0.07%) | 판매액(1M) | ▲0.01억원 미만 | 낮은 위험 | 제로인 | 1Y | -16.02% |
| | | | | | | 3Y | -11.02% |

IBK 평생설계연금증권전환형자투자신탁 [국공채] S-P
수수료미징구·온라인슈퍼·개인연금

| 유형 | 국내채권형 l 연금 | 총보수 | 연 0.307% | | | 3M | -2.53% |
| 규모 | 초소형급(71억원) | 유입액(1M) | ▲0.71억원 | | | 6M | -1.80% |
| 기준가 | 945.29 ▲0.74 (0.08%) | 판매액(1M) | ▲0.01억원 미만 | 매우낮은위험 | 제로인 | 1Y | -4.41% |
| | | | | | | 3Y | -3.35% |

출처 : 한국포스증권

위에서 두 번째까지만 3년 수익률이 플러스인 상태입니다. 2개 중에 하나를 고르는 것이 좋겠지요.

# 매일? 매주? 매달?
# 투자 금액, 투입 시기 정하기

투자 금액과 투입 시기를 정하려면, 연금저축 계좌에 납입할 수 있는 한도를 살펴봐야 합니다.

연금저축펀드 계좌에는 1년에 1,800만 원까지 납입할 수 있습니다. 연금저축펀드 계좌에 자금을 투입하는 이유는 여러 가지가 있겠으나, 세액공제를 위한 이유가 가장 크기 때문에 세액공제 한도도 살펴봐야 합니다.

## 자료 107. 연금저축 계좌 비교표

### 舊 개인연금저축, 연금저축, 연금저축계좌 비교

| 구분 | 舊 개인연금 저축 | 연금저축 | 연금저축계좌 |
|---|---|---|---|
| 가입대상 | 만 18세 이상 국내거주자 | | 제한없음 |
| 판매기간 | '94.6월 ~ '00.12월 | '01.1월 ~'13.2월 | '13.3월~현재 |
| 납입요건 | 납입기간 : 10년 이상<br>분기별 300만원(연 1200만원) 한도 | | 가입기간 : 5년 이상<br>납입금액 : 연 1800만원 한도 |
| 연금수령<br>요건 | 적립 후 10년 경과 및<br>만 55세 이후 수령,<br>5년 이상 분할 수령 | 만 55세 이후 수령,<br>5년 이상 연금으로 받을 것 | 만 55세 이후 수령,<br>연간 연금수령한도 내에서<br>수령할 것 |
| 연금수령<br>한도 | 없음 | | 연금계좌의 평가액 / (11 - 연금수령연차) X120% |
| 세제혜택<br>(한도)<br>자세히 보기 > | 소득공제<br>=MIN(연간 납입액 X 40%,<br>72만원) | 소득공제<br>=MIN( 연간 납입액 X 100%,<br>400만원)<br>* 세액공제('14년부터) | 세액공제<br>= 세액공제 한도금액 X 세율<br>* 세액공제('14년부터) |
| 중도해지<br>과세 | 이자소득세(15.4%) | 기타소득세(16.5%) | 기타소득세(16.5%) |

출처 : 금융감독원 통합연금포털

## 자료 108. 연금저축 계좌 세액공제 한도표

### 세액공제

연금저축상품은 연말정산(또는 종합소득신고) 시 세액공제 혜택을 부여하고,
연금 수령 시 연금소득세를 부과합니다.

**세액공제율**

| 종합소득 과세표준 | 총 급여액<br>(근로소득금액만 있는 경우) | 세액공제 한도 | 공제율 |
|---|---|---|---|
| 45백만원 이하 | 55백만원 이하 | 6백만원 | 16.5% |
| 45백만원 초과 | 55백만원 초과 | | 13.2% |

출처 : 금융감독원 통합연금포털

세액공제는 600만 원 한도이기 때문에 많은 분들이 한 달에 50만 원을 투자합니다. 제 생각은 한 달에 50만 원을 자동이체해놓고 투자하는 것도 좋은 방법이지만, 투자 초기에는 매일 만 원씩 또는 매주 8만 원씩 투자하는 것도 좋다고 생각합니다. 왜냐하면, 연금저축 계좌이기 때문입니다. 연금의 의미를 생각해봅시다.

연금은 내가 지금 소비할 자금을 잠시 뒤로 미루고 노후를 위해 적립해두는 것이라고 생각합니다. 무조건 미래를 위해 적립한다는 의미보다는 미래의 소비를 위해서 미루어두는 행위라고 생각해봅시다.

이런 의미에서 연금은, 매일매일의 소비를 뒤로 미룬다고 할 수 있습니다. 매일 만 원의 소비를 연금저축 계좌에 적립해서 투자함으로써 얻게 되는 행복이 있습니다. 그 행복을 여러분들이 꼭 느껴보셨으면 좋겠습니다. 미래의 소비를 위해 미루어두는 것이 지금 나에게 얼마나 큰 기쁨이 될지 모르겠다는 의견도 있을 수 있습니다. 지금 미루어둔 만 원이 미래에 2배로 불어나 2만 원이 된다고 생각해보면 행복을 느낄 수 있지 않을까요?

# 계획보다 더 투자하고 싶을 때는
# 어떻게 해야 할까?

연금저축펀드 계좌에 투자할 시기와 금액을 정하고 꾸준히 투자를 이어오던 중, 여유자금이 생겨서 계획보다 더 투자하고 싶을 때는 연금 저축 계좌에 계속 투자하면 됩니다. 그 이후에 연금저축 계좌의 세액공제 한도액을 다 채웠을 경우, 개인형 IRP 계좌에 투자합니다. 그마저도 세액공제 한도를 다 채웠다면, 다시 연금저축 계좌 연 1,800만 원 한도 까지 더 투자합니다.

# 세액공제

퇴직연금계좌(DC 및 IRP계좌)에 납입한 가입자 추가부담금은 연말정산(또는 종합소득신고) 시
세액공제 혜택을 부여하고, 연금 수령 시 연금소득세를 부과합니다.

**개인형 IRP 세액공제**

| 종합소득 과세표준 | 총 급여액<br>(근로소득금액만 있는 경우) | 세액공제 한도 주1 | 공제율 |
|---|---|---|---|
| 45백만원 이하 | 55백만원 이하 | 9백만원 | 16.5% |
| 45백만원 초과 | 55백만원 초과 | | 13.2% |

주1 : 연금저축 세액공제 한도액(6백만원)을 포함하여 최대 9백만원까지 세액공제 가능

출처 : 금융감독원 통합연금포털

위의 자료에서 주1을 참고하면, 연금저축 600만 원 + IRP 300만 원
입니다.

따라서,

1. 연금저축펀드 600만 원

2. IRP 300만 원

3. 연금저축펀드 연 납입한도 1,800만 원

위의 순서대로 채워나가시면 됩니다.

# 3장

## 리밸런싱

1

# 리밸런싱이란
# 무엇인가요?

자료 110. 리밸런싱의 정의

## 리밸런싱 rebalancing

1. 명사 경제 운용하는 자산의 편입 비중을 재조정하는 일. ⇒규범 표기는 미확정이다.

    가뜩이나 OO 지수의 **리밸런싱**으로 수급이 악화된 가운데 '홍콩발' 악재가 미중 무역 협상 리스크를 키우면서 증시를 억누르고 있다.

    출처 <<서울경제 2019년 11월>>

출처 : 네이버

리밸런싱은 자신이 편입한 펀드의 비중을 정하고, 정해진 기간 이후 비중을 확인한 후, 다시 최초의 비중으로 재조정하는 것입니다.

리밸런싱을 하는 이유는 다음의 세 가지입니다.

• 시장 분위기에 휩쓸리지 않습니다.

• 리스크는 줄이고, 안정적인 수익을 확보할 수 있습니다.

• 자신만의 기준을 세울 수 있습니다.

섹터별로 분산 투자가 잘되어 있다면 리밸런싱은 매우 쉽습니다. 처음 설정해놓은 비중에서 변화가 생긴 부분을 다시 처음 비중으로 돌려놓기만 하면 됩니다. 예를 들면, 주식, 채권, 금, 달러의 네 가지 자산을 각각 25%씩 설정해 매수하고, 6개월 후 비중이 는 것은 매도해서 비중이 준 것을 매수한 후 다시 각각 25%로 맞추면 됩니다(단순 예시이므로 따라 하지는 마세요).

물론 모든 자산이 폭락하는 시기가 오기도 합니다. 그때는 리밸런싱의 시기를 늦추면 됩니다. 리밸런싱은 자산을 늘리기 위한 방법 중 하나이므로 리밸런싱에 집착하면 안 됩니다. 리밸런싱은 매우 중요하고, 꼭 해야 하는 자산 증식의 방법 중 하나입니다. 저는 지금도 주기적으로 리밸런싱을 통해 자산을 늘리고 있습니다.

금융 자산을 예로 들면, 한국 주식, 미국 주식, 채권, 금, 크립토에 분산 투자를 하기 시작해서 어느 정도 안정기가 오면 그때 당시의 각 자산 비율을 체크해놓습니다. 3개월이 지난 시점에 비중이 커진 자산은 일부 매도해서 비중이 작아진 자산을 매수합니다.

# 리밸런싱의 주기는
# 어느 정도가 적당할까?

리밸런싱의 주기는 매달, 3개월(분기), 6개월(반기), 1년에 한 번씩 등 개인마다 정하기 나름입니다. 제가 추천하는 주기는 이렇습니다.

- 투자 초기 : 6개월
- 섹터별로 세분화한 펀드 포트폴리오 : 3개월
- TDF, EMP : 따로 리밸런싱을 하지 않아도 됨

지금 말하고 있는 리밸런싱 주기는 비중이 올라간 펀드는 일부 매도 후 비중이 내려간 펀드를 일부 매수하는 방법입니다. 리밸런싱 주기가 펀드 감시 주기라는 말은 아닙니다. 펀드 감시하는 법이나 주기는 뒤에 서 자세히 다루겠습니다.

투자 환경이나 방식에 따라 리밸런싱의 주기를 다르게 한 이유가 있습니다. 연금저축 계좌도 결국엔 투자 계좌입니다. 저축 계좌와는 완전히 다른 관리가 필요합니다. 투자는 수익도 발생하지만, 손실도 발생합니다. 연금저축 계좌는 다른 계좌와는 달리 장기 투자하는 계좌입니다.

장기 투자를 한다고 해서 손실이 발생하지 않는 것은 아닙니다. 그리고 매일매일 계좌를 들여다본다고 해서 수익이 나는 것도 아닙니다. 투자 환경이나 방식에 따라 전략이 달라야 합니다. 투자를 처음 시작한 분들의 경우 자주 펀드를 교체하게 되면, 수수료도 많이 나가고 장기 투자의 이점을 충분히 경험하지 못합니다. 따라서 6개월 정도마다 리밸런싱을 하면 좋을 것 같습니다.

섹터별로 세분화한 펀드 포트폴리오 같은 경우에는 3월의 주기를 추천합니다. 왜냐하면, 섹터별로 세분화되어 있다는 말은 섹터를 이해하고 펀드를 선택했다는 뜻입니다. 어느 정도 투자 경험이 쌓이고 정보 습득에서도 늦지 않을 것입니다. 그렇다면 3개월에 한 번씩 리밸런싱을 하면 됩니다. 거의 모든 기업이 3개월마나 실적 발표를 하게 됩니다. 펀드를 감시하게 되면 보통 3개월 주기의 감시가 이루어집니다. 그 주기에 따라 비중 조절도 스스로 정해진 기준에 의해서 하게 되면 좋습니다.

TDF, EMP에 투자하는 분들은 따로 리밸런싱은 할 필요가 없습니다. TDF, EMP 안에서 리밸런싱이 이루어지거나, 자산운용사에서 따로 비중 조절을 하라고 메시지를 받게 됩니다. TDF, EMP는 누가 운용을 하느냐가 제일 중요하고, 정해진 벤치마크를 잘 추종하고 있는지 감시도 해야 합니다. 하지만 다른 전략에 비해서 신경을 조금 덜 써도 되는 상품이긴 합니다.

# 서로 다른 성질의 펀드로 구성한 이유는 리밸런싱 때문

리밸런싱을 하기 위해서는 서로 다른 성질의 펀드로 구성해야 합니다. 왜냐하면, 같은 섹터에 있는 펀드로 구성하게 되면 상승과 하락이 함께 일어나기 때문입니다. 리밸런싱은 비중이 늘어난 펀드를 환매하고, 비중이 줄어든 펀드를 매수하므로 다시 처음 설정했던 비중으로 돌아가는 것을 말합니다. 비슷한 성질의 펀드로 구성한다면 비중이 늘거나 줄어들 때 모든 펀드가 같이 움직일 가능성이 큽니다. 그래서 서로 다른 섹터의 펀드를 골라야 하는 것입니다.

예를 들어봅시다.

• 우리프랭클린 미국바이오헬스케어증권자투자신탁(주식-재간접형) S-P
• DB바이오헬스케어증권자투자신탁 제1호[주식] Class S-P

자료 111. 우리프랭클린 미국바이오헬스케어증권자투자신탁(주식-재간접형) S-P 수익률

자료 112. DB바이오헬스케어증권자투자신탁 제1호[주식] Class S-P 수익률

2개의 펀드 수익률 그래프를 보면, 거의 비슷한 상승과 하락을 그리고 있음을 알 수 있습니다. 하지만 이 펀드를 구성하고 있는 구성 종목은 완전히 다릅니다.

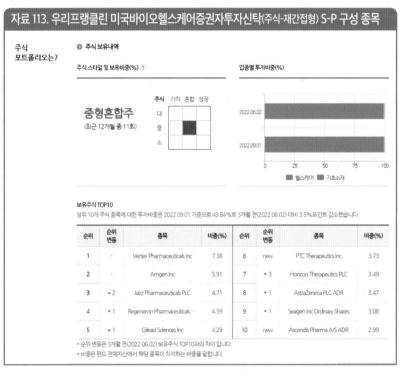

자료 113. 우리프랭클린 미국바이오헬스케어증권자투자신탁(주식-재간접형) S-P 구성 종목

주식
포트폴리오는?

⊙ 주식 보유내역

주식 스타일 및 보유비중(%) ⓘ

중형혼합주
(최근 12개월 중 11회)

업종별 투자비중(%)

2022.06.02
2022.09.01

■ 헬스케어 ■ 기초소재

보유주식 TOP10
상위 10개 주식 종목에 대한 투자비중은 2022.09.01 기준으로 43.64%로 3개월 전(2022.06.02) 대비 3.5%포인트 감소했습니다.

| 순위 | 순위변동 | 종목 | 비중(%) | 순위 | 순위변동 | 종목 | 비중(%) |
|---|---|---|---|---|---|---|---|
| 1 | - | Vertex Pharmaceuticals Inc | 7.38 | 6 | new | PTC Therapeutics Inc | 3.73 |
| 2 | - | Amgen Inc | 5.91 | 7 | ▼3 | Horizon Therapeutics PLC | 3.49 |
| 3 | ▲2 | Jazz Pharmaceuticals PLC | 4.71 | 8 | ▼1 | AstraZeneca PLC ADR | 3.47 |
| 4 | ▼1 | Regeneron Pharmaceuticals … | 4.59 | 9 | ▼1 | Seagen Inc Ordinary Shares | 3.08 |
| 5 | ▲1 | Gilead Sciences Inc | 4.29 | 10 | new | Ascendis Pharma A/S ADR | 2.99 |

* 순위 변동은 3개월 전(2022.06.02) 보유주식 TOP10과의 차이 입니다.
* 비중은 펀드 전체자산에서 해당 종목이 차지하는 비중을 말합니다.

출처 : 한국포스증권

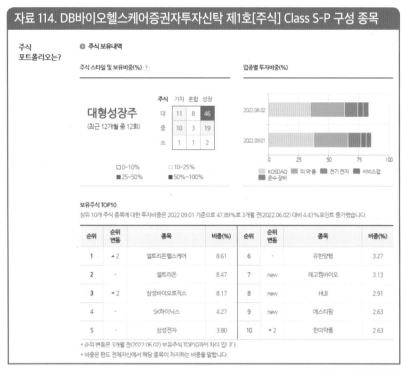

자료 114. DB바이오헬스케어증권자투자신탁 제1호[주식] Class S-P 구성 종목

출처 : 한국포스증권

　　구성 종목은 완전히 다르지만 같은 헬스케어 섹터에 있는 펀드이기 때문에 업종의 상황, 사이클에 따라 가격은 비슷하게 움직입니다. 이렇게 비슷한 종류의 펀드를 담으면 리밸런싱을 할 수 없게 됩니다. 따라서 펀드를 담을 때 섹터를 정하고 펀드 1개 이상은 담지 않는 것이 좋습니다.

　　섹터도 너무 많이 정하게 되면 결국 지수를 추종하는 펀드 1개를 담는 것과 비슷해지기 때문에, 투자 초기 직접 운용을 해보고 경험을 쌓기 위한 방법으로는 좋지만 리밸런싱을 감당하기에는 힘들어집니다.

# 4장

# 펀드 감시하기

# 펀드를 감시한다고요?

펀드는 매수한 후 그저 묵혀두는 묵은지 같은 상품이 아닙니다. 운용 사가 운용을 잘하고 있는지 꼭 감시해야 합니다. 이렇게 말하면 대부분 의 사람들이 이렇게 이야기합니다.

"아무 신경 쓰지 않으려고 펀드를 매수하는 건데, 감시까지 해 야 하나요? 저는 한 20년 넣어두고 신경 쓰지 않아도 되는 펀드로 추천해주세요."

죄송한 말씀이지만, 이런 펀드는 없습니다. 더 정확히 이야기하면 이 런 금융 상품은 없습니다. 잘 생각해봅시다. 펀드도 주식과 똑같은 상 품입니다. 단지 개별 종목을 사는 것이 아니고, 여러 종목을 모아서 한 번에 사는 것이지요. 개별 종목을 사놓고 20년을 묵혀두는 투자 방법은 지금 시대에서는 필패입니다. 무조건 손해를 보게 되어 있습니다.

시대는 급격하게 변하고 있습니다. 작년에 매우 좋았던 기술이나 산업이 올해는 사용되지 않는 경우도 허다합니다. 예를 들면, 이제는 거의 모든 사람이 LTE를 사용하지 3G를 사용하지 않습니다. 작년까지만해도 내연기관 자동차가 큰 산업이었으나 이제는 전기차, 수소차의 시대가 오고 있습니다. 이렇듯 계속해서 변화해가는 시대의 흐름을 읽고 투자해야 수익을 얻을 수 있습니다. 그렇다면 펀드의 감시는 어떻게 해야 할까요?

포스증권 사이트(http://www.fosskorea.com/main.do)를 이용합니다.

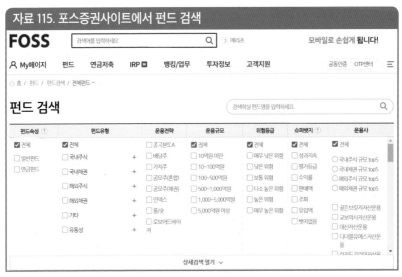

자료 115. 포스증권사이트에서 펀드 검색

출처 : 한국포스증권

매수한 펀드를 검색합니다. 포스증권사이트에서 나오지 않는 펀드 상품은 각 증권사 사이트에 들어가면 운용보고서를 다운받을 수 있으니 참고하시면 됩니다.

매수한 펀드를 검색해서 클릭하면 성과를 볼 수 있습니다.

자료 116. 포스증권사이트에서 성과를 확인하는 화면

| 상품 설명서 | 성과는 어땠나요? | 평가등급은 어떤가요? | 어디에 투자하나요? | 투자커뮤니티 |

**과거 수익률은 어땠나요?**

☑ 대표클래스 정보로 보기 ⑦ 알파 글로벌신재생에너지증권자투자신탁1호 [주식] A1

대표클래스펀드 설정일 2007.09.03

❶ 기간수익률   수익률 계산기

기준일 : 2021.03.03

| 구분 | 1개월 | 3개월 | 6개월 | 1년 | 2년 | 3년 | 5년 | 설정후 |
|---|---|---|---|---|---|---|---|---|
| 수익률 | -9.07% | 14.80% | 38.84% | 107.09% | 161.71% (연61.78%) | 158.77% (연37.33%) | 167.24% (연21.71%) | 9.31% |
| 비교지수 | 13.81% | 18.96% | 22.97% | -1.37% | -24.32% (연-13.00%) | -21.75% (연-7.86%) | -5.85% (연-1.20%) | -32.63% |
| 유형평균 | -4.96% | 12.22% | 25.62% | 22.97% | 7.77% (연3.81%) | 5.93% (연1.94%) | 20.88% (연3.86%) | |
| %순위 | 69/100 | 45/100 | 34/100 | 2/100 | 2/100 | 2/100 | 13/100 | |

* 비교지수는 펀드평가사(제로인)가 부여한 비교지수로 투자설명서의 비교지수와 다를 수 있습니다.
* 유형평균 및 %순위는 펀드평가사(제로인)의 소유형 기준으로 제공됩니다.
* 펀드평가사(제로인) 소유형 : 에너지섹터

출처 : 한국포스증권

그중 중요하게 확인해야 할 것은 3개월 구간수익률입니다. 분기별로 수익률을 나타내고 있습니다. 여기서 중요하게 보셔야 할 항목은 수익률과 비교지수, 그리고 상위 50위 이내의 성과를 올린 횟수입니다. 수익률이 비교지수보다 높아야 좋은 펀드입니다. 한 분기 정도는 비교지수보다 수익률이 떨어질 수 있으나, 2분기 연속, 또는 3분기 연속 떨어진다면, 그 펀드는 매도를 고려해봐야 합니다.

## 자료 117. 3개월 구간수익률 확인

**3개월 구간수익률** ○ 차트보기 ● 표보기

| 구분 | 2018년 | | | 2019년 | | | | 2020년 | | | | 2021년 |
|---|---|---|---|---|---|---|---|---|---|---|---|---|
| | 5월 | 8월 | 11월 | 2월 | 5월 | 8월 | 11월 | 2월 | 5월 | 8월 | 11월 | 2월 |
| 수익률(%) | -1.23 | -7.36 | -2.21 | 8.99 | 2.61 | 1.92 | 4.58 | 15.83 | 5.40 | 40.00 | 24.30 | 8.03 |
| 비교지수(%) | 9.93 | 0.75 | -10.07 | 1.61 | -5.31 | -5.29 | 4.47 | -17.01 | -15.83 | -4.10 | 5.08 | 15.66 |
| 유형(소)평균(%) | 6.17 | -1.30 | -11.84 | 3.03 | -4.07 | -1.94 | 4.41 | -8.52 | -7.51 | 4.06 | 13.57 | 6.98 |
| 유형(소) %순위 | 90 | 66 | 33 | 2 | 35 | 49 | 45 | 2 | 2 | 2 | 30 | 57 |
| 유형(대) %순위 | 37 | 69 | 13 | 26 | 28 | 62 | 53 | 1 | 15 | 1 | 1 | 67 |

\* 비교지수는 펀드평가사(제로인)가 부여한 비교지수로 투자설명서의 비교지수와 다를 수 있습니다.
\* 유형(소) 평균 및 유형(대/소) %순위는 펀드평가사(제로인)에서 제공된 데이터 입니다.

최근 3년(2018.03~ 2021.02 )의 3개월 단위 12개의 구간수익률이,
**동일 유형(소) 안에서 상위 50% 이상의 성과를 올린 횟수는 총 9회입니다.**
(구간수익률이 비교지수 대비 초과성과를 낸 횟수는 총 9회입니다.)

출처 : 한국포스증권

그리고 상위 50위 이내의 성과를 올린 횟수가 많을수록 좋은 펀드입니다. 최근 3년 동안 분기별 구간수익률이 50위 이내의 성과를 올린 횟수가 적어도 6회 이상은 되어야 합니다. 10회 이상이면 우수한 펀드입니다. 펀드를 감시하는 일을 꼭 해야 합니다. 그렇지 않으면 상품의 내용도 알지 못한 채로 나의 자산이 손실을 보게 됩니다. 저절로 불어나는 자산은 없습니다. 계속 신경 쓰고 감시하고 실력을 키워야 비로소 자산은 불어나기 시작합니다.

# 벤치마크가
# 중요한 이유

> **벤치마크(비교지수)**
>
> 투자의 성과를 평가할 때 기준이 되는 지표를 말한다. 투자 수익률이 벤치마크보다 높으면 초과 수익을 달성한 것으로 봐서 성공적인 투자로 평가한다.

펀드에 가입하기 전, 꼼꼼히 살펴봐야 하는 투자 설명서입니다. 투자하기에 앞서 펀드 상품의 설명서를 읽지 않는 것은 부동산을 구입할 때 실물을 보지 않고 거래하는 것과 같습니다.

다음 자료는 투자 설명서 중 투자 실적추이를 숫자로 보여주는 부분입니다.

따라 하면 저절로 준비되는
연금 투자 매뉴얼

## 자료 118. 투자 설명서에서 비교지수를 표시해놓은 부분

| 상품 설명서 | 성과는 어땠나요? | 평가등급은 어떤가요? | 어디에 투자하나요? | 투자커뮤니티 |
|---|---|---|---|---|

**운용전략은 무엇인가요?**

1) 이 투자신탁은 글로벌 클린에너지 자산 관련 주식에 주로 투자하는 모투자신탁에 신탁재산의 70%이상을 투자하여 주가 상승에 따른 자본이득을 추구함으로써 비교지수의 수익율을 추종합니다.

2) 이 투자신탁은 이 투자신탁의 성과 비교 등을 위해 아래와 같은 비교지수를 사용하고 있으며, 시장상황 및 투자 전략의 변경, 새로운 비교 지수의 등장에 따라 이 비교지수는 변경될 수 있습니다. 이 경우 변경 등록 후 법령에서 정한 절차(수시공시 등)에 따라 공시될 예정입니다

※ 비교 지수 : S&P Global Clean Energy Index ×90% + Call×10%

※ 모투자신탁의 투자전략

■ 포트폴리오 관리 및 편입

- 신탁재산의 90% 수준에서 글로벌 클린에너지 관련 주식에 투자
- S&P Global Clean Energy Index를 구성하는 종목과 그 외에 글로벌 클린에너지 자산과 관련된종목을 편입

출처 : 한국포스증권

벤치마크(비교지수)로 S&P Global Clean Energy Index를 사용하고 있습니다. 벤치마크가 중요한 이유는 내가 가입한 펀드와 비교할 수 있는 기준이 되기 때문입니다. 위의 자료에서 알 수 있듯이 내가 매수한 펀드의 수익률이 높다, 낮다의 기준이 벤치마크로 결정됩니다. 펀드에 편입된 종목의 수익률은 상승 또는 하락합니다. 두 가지 이외에는 없습니다. 그래서 펀드의 수익률도 상승 또는 하락합니다.

어느 정도의 상승과 하락이 있었는지 펀드의 수익률만 보고는 알 수 없습니다. 예를 들어, 내가 학교에서 시험을 봤는데, 90점을 맞았다고 해봅시다. 점수만 보고는 내가 잘한 것인지 못한 것인지 알 수 없지만, 시험을 치른 전국의 학생의 성적을 확인해보면 알 수 있습니다. 기준이 되는 성적과 비교해 나의 위치를 알 수 있기 때문입니다. 벤치마크는 이런 기능을 위해 존재합니다.

펀드에 편입되어 있는 개별 종목의 하락 때문에 펀드의 수익률은 떨

어질 수 있으나, 그 기간 벤치마크의 수치가 더 많이 하락했다면, 그 펀드는 운용을 잘하고 있는 것입니다. 하지만 그 반대의 경우도 생기겠죠. 그 경우가 2분기 이상 지속된다면, 펀드 매도를 고려해봐야 합니다. 벤치마크가 없다면, 수익률을 그저 플러스인지 마이너스인지로 인식해서 펀드의 성적을 정확히 파악할 수 없습니다.

3개월 구간수익률을 보면 벤치마크(비교지수) 대비 괜찮았던 구간도

## 자료 119. 벤치마크(비교지수)와 펀드의 수익률 비교

**▶ 3개월 구간수익률**                              ○차트보기  ●표보기

| 구분 | 2018년 | | | 2019년 | | | | 2020년 | | | | 2021년 |
|---|---|---|---|---|---|---|---|---|---|---|---|---|
| | 5월 | 8월 | 11월 | 2월 | 5월 | 8월 | 11월 | 2월 | 5월 | 8월 | 11월 | 2월 |
| 수익률(%) | -1.23 | -7.36 | -2.21 | 8.99 | 2.61 | 1.92 | 4.58 | 15.83 | 5.40 | 40.00 | 24.30 | 8.03 |
| 비교지수(%) | 9.93 | 0.75 | -10.07 | 1.61 | -5.31 | -5.29 | 4.47 | -17.01 | -15.83 | -4.10 | 5.08 | 15.66 |
| 유형(소)평균(%) | 6.17 | -1.30 | -11.84 | 3.03 | -4.07 | -1.94 | 4.41 | -8.52 | -7.51 | 4.06 | 13.57 | 6.98 |
| 유형(소) %순위 | 90 | 66 | 33 | 2 | 35 | 49 | 45 | 2 | 2 | 2 | 30 | 57 |
| 유형(대) %순위 | 37 | 69 | 13 | 26 | 28 | 62 | 53 | 1 | 15 | 1 | 1 | 67 |

\* 비교지수는 펀드평가사(제로인)가 부여한 비교지수로 투자설명서의 비교지수와 다를 수 있습니다.
\* 유형(소) 평균 및 유형(대/소) %순위는 펀드평가사(제로인)에서 제공된 데이터 입니다.

최근 3년(2018.03~ 2021.02 )의 3개월 단위 12개의 구간수익률이,
**동일 유형(소) 안에서 상위 50% 이상의 성과를 올린 횟수는 총 9회입니다.**
(구간수익률이 비교지수 대비 초과성과를 낸 횟수는 총 9회입니다.)

출처 : 한국포스증권

있었지만, 좋지 않은 구간도 있습니다. 전체적으로 보면 벤치마크를 이긴 구간이 열두 번 중 아홉 번입니다. 이 정도면 아직까지는 매우 훌륭한 펀드입니다. '아직까지'라는 말을 사용한 이유는, 펀드는 언제든지 운용 철학이 변할 수 있는 상품이고, 편입 종목도 바꿀 수 있는 상품이

기 때문입니다. 펀드에 투자하고 나서도 계속해서 상품을 감시해야 하는 이유가 여기에 있습니다. 그 감시의 기준이 되는 것이 벤치마크입니다.

3

# TDF를 감시해봅시다

자료 120. 삼성 한국형TDF2040증권투자신탁H [주식 혼합-재간접형] S-P 수익률

출처 : 한국포스증권

'삼성 한국형TDF2040증권투자신탁H [주식 혼합-재간접형] S-P'
의 수익률을 확인해보면 비교지수보다 더 큰 상승을 하는 반면, 하락

시에는 더 큰 하락을 하는 것을 볼 수 있습니다. 그럼 다음으로 3개월 구간수익률을 살펴봅시다.

### 자료 121. 삼성 한국형TDF2040증권투자신탁H [주식 혼합-재간접형] S-P 3개월 구간수익률

3개월 구간수익률　　　○ 차트보기　◉ 표보기

| 구분 | 2020년 | | | | 2021년 | | | | 2022년 | | | |
|---|---|---|---|---|---|---|---|---|---|---|---|---|
| | 1월 | 4월 | 7월 | 10월 | 1월 | 4월 | 7월 | 10월 | 1월 | 4월 | 7월 | 10월 |
| 수익률(%) | 5.19 | -10.58 | 11.76 | -0.41 | 12.36 | 4.98 | 2.83 | 1.67 | -6.71 | -5.65 | -4.44 | -5.87 |
| 비교지수(%) | 3.33 | -6.47 | 6.73 | 0.07 | 7.99 | 4.30 | 1.64 | 1.50 | -2.28 | -2.12 | -1.69 | -2.42 |
| 유형(소)평균(%) | 4.04 | -7.59 | 9.60 | -0.25 | 9.73 | 3.85 | 2.19 | 1.05 | -4.67 | -3.31 | -2.88 | -3.83 |
| 유형(소) %순위 | 25 | 67 | 30 | 39 | 41 | 43 | 44 | 23 | 94 | 95 | 96 | 87 |
| 유형(대) %순위 | - | | | | | | | | | | | |

*비교지수는 펀드평가사(제로인)가 부여한 비교지수로 투자설명서의 비교지수와 다를 수 있습니다.
*유형(소) 평균 및 유형(대/소) %순위는 펀드평가사(제로인)에서 제공된 데이터 입니다.

최근 3년(2019.11~2022.10)의 3개월 단위 12개의 구간수익률이,
**동일 유형(소) 안에서 상위 50% 이상의 성과를 올린 횟수는 총 7회입니다.**
(구간수익률이 비교지수 대비 초과성과를 낸 횟수는 총 6회입니다.)

출처 : 한국포스증권

　동일유형에서 상위 50% 이상의 성과를 올린 횟수는 총 7회이므로 좋은 성과를 보여주고 있습니다. 하지만 2022년에 들어와서는 유형 평균보다는 계속해서 좋지 않은 모습을 보여주고 있네요. 2020~2021년 상승기에서는 비교지수보다 꽤 높은 수익률을 주었으므로 지금의 하락 시기에 투자금을 더 높이는 것을 전략으로 가져갈 수 있습니다. 물론 2023년 들어서 지수가 상승하는 데도 유형순위 50% 안에 들지 못한다면 다른 TDF로 갈아타는 것이 맞겠죠.

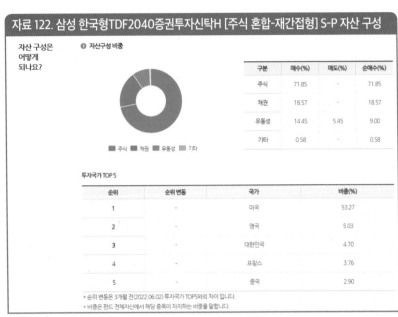

출처 : 한국포스증권

자산 구성은 주식이 71%, 채권이 18%이고, 투자 국가는 미국이 53%로 월등히 높습니다.

자료 123의 주식 포트폴리오를 살펴보면 마이크로소프트, 브로드컴, 유나이티드헬스그룹, 삼성전자, TSMC, 필립모리스, 아마존, ASML, 알파벳(구글), 애벗래버러토리스로 구성되어 있습니다.

## 자료 123. 삼성 한국형TDF2040증권투자신탁H [주식 혼합-재간접형] S-P 주식 포트폴리오

**주식 포트폴리오는?**

◎ **주식 보유내역**

주식 스타일 및 보유비중(%) ?

| 주식 | 가치 | 혼합 | 성장 |
|------|------|------|------|
| 대 | | | |
| 중 | | | |
| 소 | | | |

**대형혼합주**
(최근 12개월 중 12회)

업종별 투자비중(%)

2022.06.02
2022.09.01

0  25  50  75  100

정보기술 ■ 헬스케어 ■ 금융 ■ 순환소비재 ■ 산업재

**보유주식 TOP10**
상위 10개 주식 종목에 대한 투자비중은 2022.09.01 기준으로 12.4%로 3개월 전(2022.06.02) 대비 2.26%포인트 증가했습니다.

| 순위 | 순위변동 | 종목 | 비중(%) | 순위 | 순위변동 | 종목 | 비중(%) |
|------|---------|------|--------|------|---------|------|--------|
| 1 | - | Microsoft Corp | 2.62 | 6 | ▲1 | Philip Morris International Inc | 1.04 |
| 2 | - | Broadcom Inc | 1.80 | 7 | ▼1 | Amazon.com Inc | 1.04 |
| 3 | ▲2 | UnitedHealth Group Inc | 1.28 | 8 | new | ASML Holding NV | 0.80 |
| 4 | ▼1 | 삼성전자 | 1.20 | 9 | ▼1 | Alphabet Inc Class C | 0.79 |
| 5 | ▼1 | Taiwan Semiconductor Man··· | 1.06 | 10 | ▼1 | Abbott Laboratories | 0.77 |

* 순위 변동은 3개월 전(2022.06.02) 보유주식 TOP10과의 차이 입니다.
* 비중은 펀드 전체자산에서 해당 종목이 차지하는 비중을 말합니다.

출처 : 한국포스증권

## 자료 124. 삼성 한국형TDF2040증권투자신탁H [주식 혼합-재간접형] S-P 보유 채권 종목

**보유채권 TOP10**
상위 10개 채권 종목에 대한 투자비중은 2022.09.01 기준으로 1.67%로 3개월 전(2022.06.02) 대비 0.35%포인트 증가했습니다.

| 순위 | 순위변동 | 종목 | 비중(%) | 순위 | 순위변동 | 종목 | 비중(%) |
|------|---------|------|--------|------|---------|------|--------|
| 1 | new | United States Treasury Notes··· | 0.27 | 6 | ▼1 | United States Treasury Bond··· | 0.11 |
| 2 | - | United States Treasury Notes··· | 0.26 | 7 | new | United States Treasury Notes··· | 0.11 |
| 3 | ▼2 | United States Treasury Notes··· | 0.24 | 8 | ▼4 | United States Treasury Notes··· | 0.11 |
| 4 | new | Federal National Mortgage ··· | 0.21 | 9 | new | Federal National Mortgage ··· | 0.11 |
| 5 | ▼2 | United States Treasury Notes··· | 0.14 | 10 | new | China (People's Republic Of)··· | 0.11 |

* 순위 변동은 3개월 전(2022.06.02) 보유채권 TOP10과의 차이 입니다.
* 비중은 펀드 전체자산에서 해당 종목이 차지하는 비중을 말합니다.

출처 : 한국포스증권

자료 124의 채권 종목을 보면 거의 미국 국채로 구성되어 있습니다.

이렇게 수익률과 구성 종목, 종목이 속해 있는 국가 등을 살펴보고 감시해야 합니다. 물론 TDF는 분산 투자와 리밸런싱을 적절히 잘 해준다는 장점이 있습니다. 하지만 스스로 불어나는 자산은 없습니다. 아무리 좋은 기능을 가진 상품이라도 내가 직접 감시하지 않는다면, 가지고 있는 자산이 손실을 볼 가능성이 커집니다.

어떤 사람은 이렇게 이야기합니다. "투자해놓고 어플을 지우거나 신경 끄고 몇 년 후에 열어보라"고 말이죠. 하지만 그것은 요행을 바라는 행위입니다. 전적으로 운에 기대는 행위입니다. 그렇게 좋은 성과를 만들 수도 있습니다. 하지만 그것은 나의 실력이 될 수 없습니다. 직접 감시하고 운영해보는 것이 경험이 되고 실력이 됩니다.

PART
04

# 실전 투자
# 점검하기

# 1장

## 점검해야 할 사항

# 1

# 한국 주식 시장
# 시황 체크

연금저축펀드를 가입해서 펀드를 매수했는데, 한국 주식 시장 시황 체크를 왜 해야 하는지 궁금하시죠? 시황 체크라는 것이 매일 시간마다 주식 시장을 체크하라는 것이 아닙니다. 지금부터 왜 그래야 하는지 알려드리겠습니다.

펀드라는 상품이 주식 개별 종목에 투자하는 것과 크게 다르지 않나는 것은 앞에서 계속 이야기했기 때문에 이제는 매우 당연한 것으로 생각될 것입니다. 개별 종목에 투자했다면 매일 주식 가격을 체크하는 것도 좋지만, 결국 한국 주식 시장 전체의 동향을 체크하는 것도 도움이 됩니다.

왜냐하면 한국 기업이라면 한국 주식 시장에 속해 있고, 한국 주식 시장은 글로벌 주식 시장에 속해 있기 때문에 글로벌 산업의 방향이 곧 한국 산업의 방향이 될 것이고, 그런 방향을 통해서 기업의 수익을 예측하고, 그것에 따라 주식 가격의 변동이 있기 때문입니다. 일단 저는 한국 주식 시장 시황 체크를 이렇게 합니다.

- 매일 오후 장 마감 후 코스피, 코스닥 지수 확인
- 내가 가지고 있는 펀드 구성 종목의 주식 가격 확인
- 펀드의 기준가 확인

첫 번째, 매일 오후 장 마감 후 코스피, 코스닥 지수를 확인합니다. 매일 하거나, 일주일에 두 번 하는 것도 괜찮습니다. 각자 정하기 나름입니다. 굳이 매일 확인하지 않으셔도 좋습니다. 하지만 일주일에 적어도 하루 이상은 꼭 확인해보는 것을 추천합니다. 그래야 한국 주식 시장의 분위기를 알 수 있기 때문입니다.

두 번째, 내가 가지고 있는 펀드 구성 종목의 주식 가격을 확인합니다.

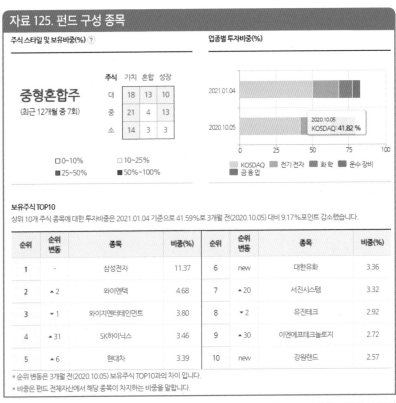

**자료 125. 펀드 구성 종목**

주식 스타일 및 보유비중(%) ⓘ

중형혼합주
(최근 12개월 중 7회)

| | 주식 | 가치 | 혼합 | 성장 |
|---|---|---|---|---|
| 대 | 18 | 13 | 10 |
| 중 | 21 | 4 | 13 |
| 소 | 14 | 3 | 3 |

☐ 0~10%  ☐ 10~25%
■ 25~50%  ■ 50~100%

업종별 투자비중(%)

2021.01.04

2020.10.05 — 2020.10.05 KOSDAQ: 41.82 %

0   25   50   75   100

▨ KOSDAQ  ▨ 전기 전자  ▨ 화학  ■ 운수 장비
■ 금융업

**보유주식 TOP10**
상위 10개 주식 종목에 대한 투자비중은 2021.01.04 기준으로 41.59%로 3개월 전(2020.10.05) 대비 9.17%포인트 감소했습니다.

| 순위 | 순위 변동 | 종목 | 비중(%) | 순위 | 순위 변동 | 종목 | 비중(%) |
|---|---|---|---|---|---|---|---|
| 1 | - | 삼성전자 | 11.37 | 6 | new | 대한유화 | 3.36 |
| 2 | ▲2 | 와이엔텍 | 4.68 | 7 | ▲20 | 서진시스템 | 3.32 |
| 3 | ▼1 | 와이지엔터테인먼트 | 3.80 | 8 | ▼2 | 유진테크 | 2.92 |
| 4 | ▲31 | SK하이닉스 | 3.46 | 9 | ▲30 | 이엔에프테크놀로지 | 2.72 |
| 5 | ▲6 | 현대차 | 3.39 | 10 | new | 강원랜드 | 2.57 |

* 순위 변동은 3개월 전(2020.10.05) 보유주식 TOP10과의 차이 입니다.
* 비중은 펀드 전체자산에서 해당 종목이 차지하는 비중을 말합니다.

출처 : 한국포스증권

이렇게 펀드 구성 종목을 확인해보고 주식 가격을 확인해보는 것입니다. 펀드를 매수한다는 것은 펀드 구성 종목에 투자한다는 것입니다. 그렇다면 구성 종목의 주식 가격이 펀드의 기준가를 결정하겠지요.

세 번째, 펀드의 기준가 확인입니다. 이미 펀드 구성 종목의 주식 가격을 확인하고 있으므로 펀드의 기준가를 매일 확인할 필요는 없습니다. 한 달에 한 번 정도 기준가의 추이가 어떻게 가고 있는지 확인해볼 필요는 있습니다.

| 자료 126. 일별기준가 보기 | | | | | | | |
|---|---|---|---|---|---|---|---|

**일별기준가 보기**

| 기준일 | 기준가(원) | 전일대비 | | 누적수익률 | | 과표기준가 (원) | 클래스규모 (억원) |
|---|---|---|---|---|---|---|---|
| | | 등락폭(원) | 등락률(%) | 펀드(%) | 비교지수(%) | | |
| 2021.03.04 | 1,828.96 | ▲17.46 | 0.96 | - | - | 1,030.13 | - |
| 2021.03.03 | 1,811.50 | ▲7.63 | 0.42 | 61.68 | 9.96 | 1,030.20 | 6 |
| 2021.03.02 | 1,803.87 | ▼38.43 | -2.09 | 61.00 | 9.88 | 1,030.29 | 6 |
| 2021.02.26 | 1,842.30 | ▲68.90 | 3.89 | 64.43 | 11.23 | 1,030.51 | 6 |
| 2021.02.25 | 1,773.40 | ▼61.71 | -3.36 | 58.28 | 8.28 | 1,030.53 | 6 |
| 2021.02.24 | 1,835.11 | ▼3.57 | -0.19 | 63.79 | 12.00 | 1,030.58 | 6 |
| 2021.02.23 | 1,838.68 | ▼25.99 | -1.39 | 64.10 | 12.65 | 1,030.64 | 6 |
| 2021.02.22 | 1,864.67 | ▲16.69 | 0.90 | 66.42 | 12.92 | 1,030.69 | 6 |
| 2021.02.19 | 1,847.98 | ▼25.33 | -1.35 | 64.93 | 12.99 | 1,030.83 | 6 |
| 2021.02.18 | 1,873.31 | ▼7.99 | -0.42 | 67.20 | 14.18 | 1,030.89 | 6 |

· 일별기준가 정보는 판매클래스만 제공됩니다.
· 펀드규모, 전일대비 비교지수 등락률은 전영업일 까지 제공됩니다.
· 차기 결산예정일 : 2021.12.24

출처 : 한국포스증권

주식은 1주, 2주처럼 '주'라는 단위를 사용하고, 펀드는 '좌'라는 단위를 사용합니다. 내가 펀드를 매수하면 '좌' 단위로 표시가 되고, 펀드에서 수익이 발생하면 기준가가 상승해서 보유한 '좌'만큼의 수익이 발생하는 것입니다. 기준가는 1,000좌당 가격을 의미하는 것입니다. 주식은 1주당 주식 가격을 확인하지만, 펀드의 기준가는 1,000좌당 가격을 확인합니다.

따라서 한국 주식 시장 시황 체크는 매일 해도 좋지만, 시간을 정해서 한 달에 한 번 이상은 꼭 확인하는 것을 추천합니다. 다시 한번 말씀드리지만, 저절로 늘어나는 자산은 없습니다. 확인하고 또 확인하는 것만이 나의 자산을 지킬 수 있습니다.

**2**

# 미국 주식 시장
# 시황 체크

한국 주식 시장 시황 체크도 어려운데, 미국 주식 시장 시황 체크까지 해야 하는 것은 부담이 될 수 있습니다. 한국 주식 시장은 매일 체크하지 않아도 됩니다. 미국 주식 시장도 마찬가지입니다. 그래도 한 달에 한 번 이상은 꼭 체크해보는 것이 나의 자산을 지키는 일입니다. 그럼 지금부터 미국 주식 시장 시황 체크를 해봅시다.

- 3대 지수 확인하기
- S&P500 지수 한눈에 확인하기
- 펀드 구성 종목 주식 가격 확인하기

첫 번째, 미국 주식 시장의 3대 지수를 확인해봅시다. 3대 지수 확인을 위해 핀비즈(https://finviz.com/)라는 사이트를 이용합니다.

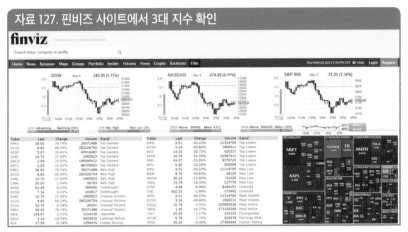

자료 127. 핀비즈 사이트에서 3대 지수 확인

출처 : 핀비즈

- 다우지수
- 나스닥지수
- S&P500지수


3대 지수가 중요한 이유는 한국의 코스피, 코스닥 지수처럼 미국 주식 시장을 대표하는 개별 종목의 주식 가격을 모아서 지수로 표현해주기 때문입니다. 지금 자료대로라면, 3대 지수는 큰 폭으로 하락하나가 장 막판에 약간의 상승을 했네요.


두 번째, S&P500 지수 한눈에 확인하기입니다.

역시나 핀비즈라는 사이트를 이용합니다. 자료 127의 오른쪽 하단에 테트리스의 모양과 흡사한 모양이 하나 있습니다. 그 모양을 클릭하면 자료 128의 화면을 볼 수 있습니다.

자료 128. S&P500 지수의 한 달 수익률을 한눈에 확인하는 화면

이 화면 하나로 미국 주식 시장 S&P500 지수의 한 달 수익률을 한 눈에 볼 수 있습니다. 빨간색이 진해질수록 큰 하락, 초록색이 진해질 수록 큰 상승을 의미하고, 각 사각형의 크기가 곧 시가총액의 크기입니 다. 그리고 사각형 안의 영문은 개별 종목을 나타내는 이름(티커)이고, 숫자는 수익률입니다.

세 번째, 펀드 구성 종목 주식 가격 확인하기입니다. 이것도 마찬가 지로 핀비즈를 이용합니다.

출처 : 핀비즈

이렇게 미국 주식 시장 시황 체크도 한 달에 한 번 정도는 꼭 해두는 것이 좋습니다. 한국 주식 시장은 미국 주식 시장의 영향을 크게 받기 때문입니다. 미국 주식 시장이 세계의 중심인 것은 인정해야 하는 부분입니다. 따라서 미국 주식 시장의 분위기나 추세를 이해하는 것은 한국 주식 시장을 예측하고 대응하는 데 도움이 됩니다.

# 투자 정보 얻는 법

- 독서
- 리서치센터 보고서
- 유튜브, 블로그 등 투자 관련 SNS

제가 투자 정보를 얻는 경로는 위의 세 가지입니다. 일단 첫 번째가 가장 중요합니다. 지금 이 책을 읽고 있는 독자분들은 첫 번째를 실행하고 있는 분들입니다. 독서와 투자는 너무도 동떨어져 있다고 생각하시는 분들이 많은 것 같습니다. 투자는 매우 빠르게 변화하기 때문에 그때 바로 취합된 정보만이 유용하다고 생각하기 때문입니다.

하지만 그렇지 않습니다. 시시각각 변하는 것은 주식의 가격이지 투자의 본질이 아닙니다. 독서는 투자의 본질에 대한 이해를 돕습니다.

주식 가격이 아무리 변해도 투자의 본질을 알고 하는 것과 그렇지 않은 것은 매우 큰 차이가 있습니다. 투자의 본질을 모르고 주식 가격에만 온 신경을 쏟고 있다면, 결국 투자의 결과를 운으로만 결정하려고 하는 것입니다. 그저 아무 주식 사놓고 오르길 기다렸다가 오르면 파는 투기가 됩니다.

투자의 본질을 알아야 합니다. 예를 들면, 내가 3할 타자가 되기 위해서는 타율에만 신경을 쏟는다고 되는 것이 아닙니다. 3할 타자가 되기 위해서는 기초체력도 길러야 하고 타격의 기술, 부상 방지, 시즌 중 몸 관리 등등 타율 말고도 준비되어 있어야 할 것들이 많습니다. 하지만 3할 타자가 되기 위해 매일매일 자신의 타율만 들여다본다고 해서 타율은 오르지 않습니다. 타율을 올리기 위한 본질을 알아야 하는 것이지요.

두 번째는 증권사 리서치센터, 자산운용사에서 발행하는 보고서를 참고하는 것입니다. 이 보고서에는 엄청난 데이터가 들어 있으며, 각 섹터나 개별 종목을 담당하고 있는 애널리스트, 연구원들의 의견도 있습니다. 혹자는 이런 자료들을 신뢰할 수 없다고 하는데, 제 생각은 다릅니다.

이런 자료들을 참고해서 자신만의 자료를 만들면 됩니다. 보고서에 표시된 목표가만 믿고 투자한다든지, 매수 의견만 확인하는 것은 보고서를 확인하는 것이지, 분석하는 것이 아닙니다. 각 보고서에 담겨 있는 숫자는 그냥 나온 것이 아닙니다. 엄청난 분석을 통해 산출해낸 숫자입니다. 이런 숫자들을 공짜로 참고할 수 있다는 것은 매우 고마운 일입니다.

---

**한경컨센서스**

http://hkconsensus.hankyung.com

**네이버금융 리서치**

https://finance.naver.com/research/

---

세 번째는 유튜브, 블로그 등 SNS를 통해서 정보를 얻습니다. 이런 것들을 통해서 얻는 정보는 가장 마지막에 실행해야 합니다. 앞에서 제시한 독서나 리서치센터 보고서를 통해 팩트를 체크할 줄 알아야 SNS를 통해서 얻은 정보를 참고할 수 있게 됩니다. 이런 팩트 체크를 하지 않고 자극적인 내용의 영상이나 글을 참고한다면, 결국 투자 실패로 이어지게 됩니다. 반드시 기억하세요. SNS로 정보를 취합하는 것은 독서와 각종 보고서를 통해서 팩트를 찾아볼 수 있는 실력이 되어야 한다는 것을 말이죠.

# 2장

## 투자 마인드 만들기

# 수익률이
# 떨어지고 있어요

투자에서 수익률은 매우 중요한 지표 중 하나입니다. 그러면 총자산의 증가율은 어떨까요? 사실 가장 중요한 것은 총자산의 증가율입니다. 수익률이 마이너스여도 총자산의 증가율은 상승할 수 있습니다.

예를 들어보겠습니다. 2개의 종목에 총투자금을 50%씩 분산 투자 중입니다. 1번 종목의 가격이 상승해 60%가 되었고, 2번 종목의 가격은 하락해 40%가 되었습니다. 리밸런싱을 실행하겠습니다. 1번 종목의 60% 비중을 50%로 되돌리기 위해 일정 부분을 매도합니다. 매도한 금액으로 2번 종목을 매수해 50%의 비중으로 맞춥니다. 그렇게 되면 총자산의 수익률은 감소합니다.

하지만 총자산은 변화가 없겠죠. 이후에 2번 종목의 가격이 상승하고, 1번 종목의 가격은 그대로라면 총자산의 수익률은 상승했으나, 여전히 마이너스일 가능성이 있습니다. 하지만 총자산의 증가율은 상승합니다. 이것은 글로는 사실 설명이 힘듭니다. 직접 리밸런싱을 실행해보면 알게 됩니다. 분명 플러스였던 수익률이 리밸런싱을 실행하면 보통은 마이너스가 됩니다. 하지만 총자산은 변하지 않죠.

총자산의 증가율은 생각하지 않고 수익률에만 신경을 쓰는 분들을 많이 만나봤습니다. 하지만 그분들의 계좌는 수익률은 좋은데, 계속 녹아내리는 것을 보게 됩니다. 반면에 수익률은 마이너스이나 총자산은 계속 늘어나는 분들도 만나기도 합니다. 과연 두 사람 중 어떤 사람이 자산을 늘려갈 수 있을까요?

수익률이 떨어지는 것은 매우 경계해야 할 지표임에 틀림이 없습니다. 하지만 벤치마크가 없는 수익률은 큰 의미가 없습니다. 40km로 달리고 있는 자동차는 고속도로에서는 너무 느린 속도지만, 어린이 보호구역에서는 과속입니다. 기준이 없다면 평가할 수 있는 잣대가 없다는 것입니다.

수익률보다 중요하게 생각해야 할 것은 총자산의 증가율입니다. 내가 적립하고 있는 연금의 크기가 커지는 것에 가장 많은 신경을 쏟아야 합니다. 이 책을 끝까지 읽고 있는 독자들은 분산 투자와 리밸런싱의 중요성을 계속 반복해서 들었기 때문에 기본이라고 생각하고 말하겠습니다. 수익률보다 중요한 것은 총자산의 증가율입니다.

# 매일매일 계좌를
# 확인하고 싶어요

　수익률을 매일 확인하는 것이 무의미하다는 것은 앞에서 말씀드렸습니다. 총자산의 증가율이 더 중요하다는 것도 말이죠. 그러면 매일매일 계좌를 확인해서 자산이 얼마나 증가했는지 확인하고 싶은 마음도 들겠죠. 우리가 주식 투자를 하는 것이고, 개별 종목에 투자한다면 매일매일 계좌를 확인하는 것도 의미가 있을 것입니다.

　하지만 우리는 지금 연금저축에 대해서 이야기하고 있잖아요. 연금저축은 펀드를 매수할 수밖에 없습니다. 아직은 개별 종목에 투자하는 것을 허용하고 있지 않기 때문이죠. 펀드는 개별 종목처럼 시간마다 가격의 변동이 있는 것이 아닙니다. 하루에 한 번 기준가가 발표됩니다. 그러면 그다음 변동은 다음 날입니다. 이것이 펀드의 장점이기도 하고 단점이기도 합니다. 장점은 시간마다 변동하지 않아서 마음 편한 투자를 할 수 있다는 것이고, 단점은 변동하지 않기 때문에 위기 상황에 대응이 늦다는 것입니다.

저는 기본적으로 연금저축펀드는 한 주에 한 번 정도 열어보고 확인합니다. 저야 투자를 하는 사람이고, 금융 쪽에 종사하고 있는 사람이니 그런 것입니다. 만약에 그렇지 않았다면, 저는 한 달에 한 번 정도 열어볼 계획을 세울 것 같습니다. 내 자산이 잘 늘어가고 있는지, 아니면 조정해주어야 하는 펀드는 없는지 한 달에 한 번은 열어보셔야 합니다.

대다수의 분들이 매일 열어보거나 아예 신경을 꺼두거나 둘 중 하나더군요. 매우 극단적이죠? 매일 열어보시는 분들은 매일 기준가의 상승과 하락에 민감하고, 신경을 꺼두시는 분들은 자신이 매수한 펀드에 문제가 생긴 것도 모르고 계속 돈을 넣어두어 큰 손실을 보는 분들도 있습니다. 무엇이든지 극단적인 것은 큰 도움이 되지 않습니다.

한 달에 한 번 정도 계좌를 열어보고 펀드를 감시하는 것으로 충분합니다. 연금은 오늘 매수하고 다음 달에 매도하는 상품이 아닙니다. 펀드에 문제가 생긴다면 매도해서 다른 상품을 매수하겠지요. 연금 계좌를 없애지는 않을 것입니다. 매일매일 계좌를 확인할 시간에 다른 생산적인 일을 더 하시는 것을 추천합니다. 한 달에 한 번 확인하는 계좌로도 충분히 훌륭히 연금 계좌의 자산이 늘어날 것입니다.

# 지금 투자액이
# 너무 적은 것 같아요

보통 연금저축펀드는 한 달에 30만 원, IRP는 한 달에 25만 원 정도 납입합니다. 그 이유는 세액공제 한도액을 꽉 채우기 위함입니다. 이렇게 적립하다 보면 '결국 연금저축펀드나 개인형 IRP도 투자인데, 투자액이 너무 적은 것은 아닐까?'라는 생각이 들기도 합니다. 맞습니다. 투자할 때 투자의 액수도 매우 중요한 요소 중 하나입니다.

서울에서 부산을 갈 때는 걸어갈 수도 있지만, KTX를 타는 방법도 있습니다. 그리고 비행기를 타는 방법도 있지요. 여러 가지 방법 중에 자신에게 맞는 것을 선택하겠죠. 연금도 마찬가지입니다. 한 번에 큰돈을 넣고 투자한다면, 큰 수익을 올려서 각자 원하는 연금액에 도달할 수 있습니다.

하지만 투자라는 것은 늘 양날의 검입니다. 큰돈을 넣어서 큰 수익을 얻을 수도 있지만, 큰 손실을 얻을 수도 있다는 것이죠. 투자 경험이 많고 큰돈을 한 번에 투자하는 선택이 가능한 사람은 그렇게 하면 되는 것이고, 그렇지 않은 사람은 적은 돈을 꾸준히 투입하는 것이 방법입니다. 중요한 것은 나의 상황을 아는 것이고, 나의 상황에 맞게 선택하는 것입니다.

대부분 사람들의 상황은 적은 돈을 꾸준히 적립하는 것이 맞을 것입니다. 그리고 그렇게 적립하게 되면 시장의 상황에 휩쓸리지 않고 꾸준히 투자할 수 있게 됩니다. 제가 생각하는 매우 좋은 투자법입니다. 왜냐하면, 한 번에 큰돈을 넣는 것이 아니기 때문에 분할 매수하는 효과가 있기 때문입니다.

그리고 세액공제면에서도 적은 돈을 꾸준히 적립하는 것이 유리합니다. 왜냐하면 세액공제는 매년 받을 수 있는 한도금액이 있기 때문입니다. 큰돈을 한 번에 넣는다고 세액공제를 모두 받을 수 있는 것이 아닙니다. 매년 연금저축펀드 400만 원과 개인형 IRP 300만 원을 적립한다고 하면, 10년만 적립해도 7,000만 원입니다. 보통 노동소득을 얻을 수 있는 기간이 짧게는 20년, 길게는 40년 정도입니다. 짧은 시기인 20년을 생각해도 1억 4,000만 원이 적립되고, 적립액에 수익도 더해진다면 절대 적지 않은 금액입니다.

연금은 눈덩이처럼 굴려가는 자산입니다. 매달 30만 원의 적립이 힘들다면 10만 원이라도 시작해야 합니다. 그렇게 시작해서 조금씩 조금씩 늘려가야지, 계속 미루다가 한 번에 노후 자금을 마련하려고 한다면 결국 포기하게 됩니다. 지속 가능한 금액으로 일단 시작해보고, 투자액이 적은 것 같은 느낌이 들더라도 조금씩 늘려갈 생각을 한다면, 은퇴 시점에 매우 큰 힘이 될 것입니다. 실제로 제가 만나는 분들 중에 은퇴 전에는 느끼지 못하다가 은퇴 후에 연금 적립의 중요성을 느끼는 분들이 많습니다. 하지만 이미 은퇴 후에는 늦습니다.

# 한 달에 30만 원씩 넣으면,
# 노후 소득이 든든하겠죠?

노후 소득을 계산해봅시다.

50세부터 90세까지 한 달에 100만 원씩만 쓴다고 가정해보면,
40년간 한 달에 100만 원입니다.
40년은 480개월이니 480개월 × 1,000,000원 = 480,000,000원

한 달에 100만 원으로 살 수는 있습니다. 하지만 넉넉한 삶은 아니겠죠. 지금으로부터 나중 이야기이니 화폐가치도 계속 떨어지겠죠. 화폐가치가 떨어진다는 이야기는 물가가 상승한다는 것입니다. 한 달에 100만 원으로 살 수 없는 시대가 올지도 모른다는 이야기입니다.

그렇다면 4억 8,000만 원을 모으려면 한 달에 얼마를 적립해야 할까요?

20세부터 50세까지 30년 적립한다고 가정해보면,
30년간 적립하는 것입니다.
30년은 360개월이니 480,000,000원 / 360개월 = 1,333,333원

큰일 났습니다. 50~90세까지 매우 적게 잡은 100만 원이라는 생활비를 준비하기 위해서는 20~50세까지 한 달에 약 140만 원을 적립해야 합니다. 한 달에 30만 원 적립도 많다고 생각했는데, 140만 원이라니요!

이렇듯 많은 분이 노후 소득에 대해서 생각해본 적이 없습니다. 아마도 이렇게 계산해본 것이 처음이신 분들이 대다수일 것입니다. 한국에서는 그 누구도 노후 소득에 대해서 말해주지 않습니다. '어떻게든 되겠지', 또는 '국민연금이 200만 원씩 나온다던데' 하는 정확하지 않은 예상만으로 노후를 맞게 됩니다.

국민연금으로 100만 원씩 수령하려면, 어느 정도의 월급과 납입 기간이 필요한지 살펴봅시다.

30년 동안 국민연금을 납부한다고 하면, 30년 동안 월 급여가 400만 원 이상이어야 합니다. 30년 평균 월급이 400만 원 이상을 유지하기 쉽지 않고, 많은 사람이 그렇게 월 급여를 받을 수는 없습니다. 결론적으로, 30년 근속을 했을 때 국민연금으로 매월 50만 원 이상 받기 쉽지 않다는 것입니다.

**자료 130. 국민연금관리공단 2021년 노령연금 예상연금월액표**

평균소득월액(A)
2,539,734원

(단위 : 원/월)

| 순번 | 가입기간중 기준<br>소득월액평균액(B값) | 연금보험료<br>( 9% ) | 가 입 기 간 | | | | | | |
|------|------|------|------|------|------|------|------|------|------|
| | | | 10년 | 15년 | 20년 | 25년 | 30년 | 35년 | 40년 |
| 358 | 3,890,000 | 350,100 | 332,730 | 493,480 | 654,220 | 814,960 | 975,710 | 1,136,450 | 1,297,190 |
| 359 | 3,900,000 | 351,000 | 333,250 | 494,240 | 655,240 | 816,230 | 977,220 | 1,138,220 | 1,299,210 |
| 360 | 3,910,000 | 351,900 | 333,770 | 495,010 | 656,260 | 817,500 | 978,740 | 1,139,990 | 1,301,230 |
| 361 | 3,920,000 | 352,800 | 334,290 | 495,780 | 657,270 | 818,770 | 980,260 | 1,141,750 | 1,303,250 |
| 362 | 3,930,000 | 353,700 | 334,800 | 496,550 | 658,290 | 820,030 | 981,780 | 1,143,520 | 1,305,260 |
| 363 | 3,940,000 | 354,600 | 335,320 | 497,310 | 659,310 | 821,300 | 983,290 | 1,145,290 | 1,307,280 |
| 364 | 3,950,000 | 355,500 | 335,840 | 498,080 | 660,330 | 822,570 | 984,810 | 1,147,060 | 1,309,300 |
| 365 | 3,960,000 | 356,400 | 336,360 | 498,850 | 661,340 | 823,840 | 986,330 | 1,148,820 | 1,311,320 |
| 366 | 3,970,000 | 357,300 | 336,870 | 499,620 | 662,360 | 825,100 | 987,850 | 1,150,590 | 1,313,330 |
| 367 | 3,980,000 | 358,200 | 337,390 | 500,380 | 663,380 | 826,370 | 989,360 | 1,152,360 | 1,315,350 |
| 368 | 3,990,000 | 359,100 | 337,910 | 501,150 | 664,400 | 827,640 | 990,880 | 1,154,130 | 1,317,370 |
| 369 | 4,000,000 | 360,000 | 338,430 | 501,920 | 665,410 | 828,910 | 992,400 | 1,155,890 | 1,319,390 |
| 370 | 4,010,000 | 360,900 | 338,940 | 502,690 | 666,430 | 830,170 | 993,920 | 1,157,660 | 1,321,400 |
| 371 | 4,020,000 | 361,800 | 339,460 | 503,450 | 667,450 | 831,440 | 995,430 | 1,159,430 | 1,323,420 |
| 372 | 4,030,000 | 362,700 | 339,980 | 504,220 | 668,470 | 832,710 | 996,950 | 1,161,200 | 1,325,440 |
| 373 | 4,040,000 | 363,600 | 340,500 | 504,990 | 669,480 | 833,980 | 998,470 | 1,162,960 | 1,327,460 |
| 374 | 4,050,000 | 364,500 | 341,010 | 505,760 | 670,500 | 835,240 | 999,990 | 1,164,730 | 1,329,470 |
| 375 | 4,060,000 | 365,400 | 341,530 | 506,520 | 671,520 | 836,510 | 1,001,500 | 1,166,500 | 1,331,490 |
| 376 | 4,070,000 | 366,300 | 342,050 | 507,290 | 672,540 | 837,780 | 1,003,020 | 1,168,270 | 1,333,510 |
| 377 | 4,080,000 | 367,200 | 342,570 | 508,060 | 673,550 | 839,050 | 1,004,540 | 1,170,030 | 1,335,530 |
| 378 | 4,090,000 | 368,100 | 343,080 | 508,830 | 674,570 | 840,310 | 1,006,060 | 1,171,800 | 1,337,540 |

출처 : 국민연금관리공단

그렇다면 어떻게 노후 소득을 준비해야 할까요? 한 달에 200만 원 이상씩 적립하는 것이 정답일까요?

노후 소득은 설계를 해야 합니다. 한 번에 큰돈을 넣어서 노후 소득을 적립하는 것은 불가능합니다. 매달 적립하는 금액을 매년 늘려가보세요. 도달해야 하는 목표금액을 설정하세요. 부부라면 부부의 노후 소득을 함께 설계해보세요.

이 모든 것을 혼자서 하기 힘들다면, 저에게 상담 신청을 해보세요. 제가 도와드릴게요. 물론 유료 상담입니다. 이런 상담을 무료로 해주는 사람들을 주의하세요. 그들의 상담은 무료지만, 상품 가입을 통해 상담료를 챙깁니다.

# 따라 하면 저절로 준비되는
# 연금 투자 매뉴얼

**초판 1쇄** 2023년 3월 13일

**지은이** 김한겸
**펴낸이** 최경선      **펴낸곳** 매경출판㈜
**기획제작** ㈜두드림미디어
**책임편집** 최윤경, 배성분      **디자인** 노경녀 nkn3383@naver.com
**마케팅** 김성현, 한동우, 김지현

**매경출판㈜**
**등록** 2003년 4월 24일(No. 2-3759)
**주소** (04557) 서울특별시 중구 충무로 2(필동 1가) 매일경제 별관 2층 매경출판㈜
**홈페이지** www.mkbook.co.kr
**전화** 02)333-3577
**이메일** dodreamedia@naver.com(원고 투고 및 출판 관련 문의)
**인쇄·제본** ㈜M-print 031)8071-0961
**ISBN** 979-11-6484-516-3 (03320)